사고력 수학 소마가 개발한 연산학습의 새 기준!!

소마의 **마**술같은 원리**셈**

소마셈

수학이 즐거워지는 특별한 수학교실
소마에서 개발한 연산교재 소마셈 **소마셈**

2002년 대치소마 개원 이후로 끊임없는 교재 연구와 교구의 개발은 소마의 자랑이자 자부심입니다. 교구, 게임, 토론 등의 다양한 활동식 수업으로 스스로 문제해결능력을 키우고, 아이들이 수학에 대한 흥미와 자신감을 가질 수 있도록 차별성 있는 수업을 해 온 소마에서 연산 학습의 새로운 패러다임을 제시합니다.

연산 교육의 현실

연산 교육의 가장 큰 폐해는 '초등 고학년 때 연산이 빠르지 않으면 고생한다.'는 기존 연산 학습지의 왜곡된 마케팅으로 인해 단순 반복을 통한 기계적 연산을 강조하는 것입니다. 하지만, 기계적 반복을 위주로 하는 연산은 개념과 원리가 빠진 연산 학습으로써 아이들이 수학을 싫어하게 만들 뿐 아니라 사고의 확장을 막는 학습방법입니다.

초등수학 교과과정과 연산

초등교육과정에서는 문자와 기호를 사용하지 않고 말로 풀어서 연산의 개념과 원리를 설명하다가 중등교육과정부터 문자와 기호를 사용합니다. 교과서를 살펴보면 모든 연산의 도입에 원리가 잘 설명되어 있습니다. 요즘 현실에서는 연산의 원리를 묻는 서술형 문제도 많이 출제되고 있는데 연산은 연습이 우선이라는 인식이 아직도 지배적입니다.

연산 학습은 어떻게?

연산 교육은 별도로 떼어내어 추상적인 숫자나 기호만 가지고 다뤄서는 절대로 안됩니다. 구체물을 가지고 생각하고 이해한 후, 연산 연습을 하는 것이 필요합니다. 또한, 속도보다 정확성을 위주로 학습하여 실수를 극복할 수 있는 좋은 습관을 갖추는 데에 초점을 맞춰야 합니다.

소마셈 연산학습 방법

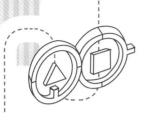

 10이 넘는 한 자리 덧셈 **구체물을 통한 개념의 이해**

덧셈과 뺄셈의 기본은 수를 세는 데에 있습니다. 8+4는 8에서 1씩 4번을 더 센 것이라는 개념이 중요합니다. 10의 보수를 이용한 받아 올림을 생각하면 8+4는 (8+2)+2지만 연산 공부를 시작할 때에는 덧셈의 기본 개념에 충실한 것이 좋습니다. 이 책은 구체물을 통해 개념을 이해할 수 있도록 구체적인 예를 든 연산 문제로 구성하였습니다.

 가로셈 **가로셈을 통한 수에 대한 사고력 기르기**

세로셈이 잘못된 방법은 아니지만 연산의 원리는 잊고 받아 올림한 숫자는 어디에 적어야 하는지만을 기억하여 마치 공식처럼 풀게 합니다. 기계적으로 반복하는 연습은 생각없이 연산을 하게 만듭니다. 가로셈을 통해 원리를 생각하고 수를 쪼개고 붙이는 등의 과정에서 키워질 수 있는 수에 대한 사고력도 매우 중요합니다.

 곱셈구구 **곱셈도 개념 이해를 바탕으로**

곱셈구구는 암기에만 초점을 맞추면 부작용이 큽니다. 곱셈은 덧셈을 압축한 것이라는 원리를 이해하며 구구단을 외움으로써 연산을 빨리 할 수 있다는 것을 알게 해야 합니다. 곱셈구구를 외우는 것도 중요하지만 곱셈의 의미를 정확하게 아는 것이 더 중요합니다. 4×3을 할 줄 아는 학생이 두 자리 곱하기 한 자리는 안 배워서 45×3을 못 한다고 말하는 일은 없도록 해야 합니다.

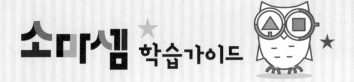

소마셈 ★ 학습가이드

K단계 (5, 6, 7세) • 연산을 시작하는 단계

뛰어세기, 거꾸로 뛰어세기를 통해 수의 연속한 성질(linearity)을 이해하고 덧셈, 뺄셈을 공부합니다. 각 권의 호흡은 짧지만 일관성 있는 접근으로 자연스럽게 나선형식 반복학습의 효과가 있도록 하였습니다.

학습대상 : 연산을 시작하는 아이와 한 자리 수 덧셈을 구체물(손가락 등)을 이용하여 해결하는 아이

학습목표 : 수와 연산의 튼튼한 기초 만들기

P단계 (7세, 1학년) • 받아올림이 있는 덧셈, 뺄셈을 배울 준비를 하는 단계

5, 6, 9 뛰어세기를 공부하면서 10을 이용한 더하기, 빼기의 편리함을 알도록 한 후, 가르기와 모으기의 집중학습으로 보수 익히기, 10의 보수를 이용한 덧셈, 뺄셈의 원리를 공부합니다.

학습대상 : 받아올림이 없는 한 자리 수의 덧셈을 할 줄 아는 학생

학습목표 : 받아올림이 있는 연산의 토대 만들기

A단계 (1학년) • 초등학교 1학년 교과과정 연산

받아올림이 있는 한 자리 수의 덧셈, 뺄셈은 연산 전체에 매우 중요한 단계입니다. 원리를 정확하게 알고 A1에서 A4까지 총 4권에서 한 자리 수의 연산을 다양한 과정으로 연습하도록 하였습니다.

학습대상 : 초등학교 1학년 수학교과과정을 공부하는 학생

학습목표 : 10의 보수를 이용한 받아올림이 있는 덧셈, 뺄셈

B단계 (2학년) • 초등학교 2학년 교과과정 연산

두 자리, 세 자리 수의 연산을 다룬 후 곱셈, 나눗셈을 다루는 과정에서 곱셈구구의 암기를 확인하기보다는 곱셈구구를 외우는데 도움이 되고, 곱셈, 나눗셈의 원리를 확장하여 사고할 수 있도록 하는데 초점을 맞추었습니다.

학습대상 : 초등학교 2학년 수학교과과정을 공부하는 학생

학습목표 : 덧셈, 뺄셈의 완성 / 곱셈, 나눗셈의 원리를 정확하게 알고 개념 확장

C단계 (3학년) • 초등학교 3, 4학년 교과과정 연산

B단계까지의 소마셈은 다양한 문제를 통해서 학생들이 즐겁게 연산을 공부하고 원리를 정확하게 알게 하는데 초점을 맞추었다면, C단계는 3학년 과정의 큰 수의 연산과 4학년 과정의 혼합 계산, 괄호를 사용한 식 등, 필수 연산의 연습을 충실히 할 수 있도록 하였습니다.

학습대상 : 초등학교 3, 4학년 수학교과과정을 공부하는 학생

학습목표 : 큰 수의 곱셈과 나눗셈, 혼합 계산

D단계 (4학년) • 초등학교 4, 5학년 교과과정 연산

분모가 같은 분수의 덧셈과 뺄셈, 소수의 덧셈과 뺄셈을 공부하여 초등 4학년 과정 연산을 마무리하고 초등 5학년 연산과정에서 가장 중요한 약수와 배수, 분모가 다른 분수의 덧셈과 뺄셈을 충분히 익힐 수 있도록 하였습니다.

학습대상 : 초등학교 4, 5학년 수학교과과정을 공부하는 학생

학습목표 : 분모가 같은 분수의 덧셈과 뺄셈, 소수의 덧셈과 뺄셈, 분모가 다른 분수의 덧셈과 뺄셈

소마셈 단계별 학습내용

K단계 추천연령 : 5, 6, 7세

단계	K1	K2	K3	K4
권별 주제	10까지의 더하기와 빼기 1	20까지의 더하기와 빼기 1	10까지의 더하기와 빼기 2	20까지의 더하기와 빼기 2
단계	K5	K6	K7	K8
권별 주제	10까지의 더하기와 빼기 3	20까지의 더하기와 빼기 3	20까지의 더하기와 빼기 4	7까지의 가르기와 모으기

P단계 추천연령 : 7세, 1학년

단계	P1	P2	P3	P4
권별 주제	30까지의 더하기와 빼기 5	30까지의 더하기와 빼기 6	30까지의 더하기와 빼기 10	30까지의 더하기와 빼기 9
단계	P5	P6	P7	P8
권별 주제	9까지의 가르기와 모으기	10 가르기와 모으기	10을 이용한 더하기	10을 이용한 빼기

A단계 추천연령 : 1학년

단계	A1	A2	A3	A4
권별 주제	덧셈구구	뺄셈구구	세 수의 덧셈과 뺄셈	□가 있는 덧셈과 뺄셈
단계	A5	A6	A7	A8
권별 주제	(두 자리 수) + (한 자리 수)	(두 자리 수) − (한 자리 수)	두 자리 수의 덧셈과 뺄셈	□가 있는 두 자리 수의 덧셈과 뺄셈

B단계 추천연령 : 2학년

단계	B1	B2	B3	B4
권별 주제	(두 자리 수) + (두 자리 수)	(두 자리 수) − (두 자리 수)	세 자리 수의 덧셈과 뺄셈	덧셈과 뺄셈의 활용
단계	B5	B6	B7	B8
권별 주제	곱셈	곱셈구구	나눗셈	곱셈과 나눗셈의 활용

C단계 추천연령 : 3학년

단계	C1	C2	C3	C4
권별 주제	두 자리 수의 곱셈	두 자리 수의 곱셈과 활용	두 자리 수의 나눗셈	세 자리 수의 나눗셈과 활용
단계	C5	C6	C7	C8
권별 주제	큰 수의 곱셈	큰 수의 나눗셈	혼합 계산	혼합 계산의 활용

D단계 추천연령 : 4학년

단계	D1	D2	D3	D4
권별 주제	분모가 같은 분수의 덧셈과 뺄셈(1)	분모가 같은 분수의 덧셈과 뺄셈(2)	소수의 덧셈과 뺄셈	약수와 배수
단계	D5	D6		
권별 주제	분모가 다른 분수의 덧셈과 뺄셈(1)	분모가 다른 분수의 덧셈과 뺄셈(2)		

구성과 특징

① 수 이야기

생활 속의 수 이야기를 통해 수와 연산의 이해를 돕습니다. 수의 역사나 재미있는 연산 문제를 접하면서 수학이 재미있는 공부가 되도록 합니다.

② 원리

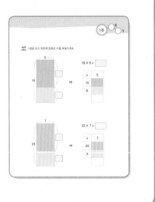

가장 기본적인 연산의 원리를 소개합니다. 이때 다양한 방법을 제시하되 가장 효과적인 방법을 적용할 수 있도록 단계적으로 접근하여 충분한 원리의 이해를 돕습니다.

연습

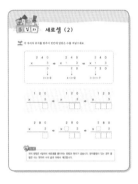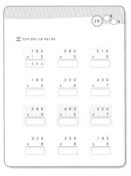

원리의 이해를 바탕으로 연산이 익숙해 지도록 연습합니다. 먼저 반복적인 연산 연습 후에 나아가 배운 원리를 활용하여 확장된 문제를 해결합니다.

Drill (보충학습)

주차별 주제에 대한 연습이 더 필요한 경우 보충학습을 활용합니다.

 연산과정의 확인이 필수적인 주제는 Drill 의 양을 2배로 담았습니다.

곱해서 커지는 수와 나눠서 작아지는 수

배수와 약수의 개념은 곱셈구구를 통해 이해할 수 있습니다. 모든 자연수는 1과 자기 자신의 곱으로 나타낼 수 있습니다. 또한 2의 곱도 2의 1배, 2배, 3배, … 한 수를 2의 단 곱셈구구, 즉 2의 배수라고 합니다. 마찬가지로 3의 단 곱셈구구는 3의 배수, 4의 단 곱셈구구는 4의 배수가 되는 것이지요.

그리고 2의 단 곱셈구구에서 2를 4배 한 수 8은 2와 4로 나눌 수 있습니다. 이와 같이 어떤 수를 나눌 수 있는 수를 약수라고 합니다.

이렇게 곱셈구구를 통해서 배운 곱셈과 나눗셈의 관계를 이용하여 약수와 배수에 대해 알 수 있습니다.

$$2 \times 4 = 8 \Rightarrow \begin{array}{l} \text{2와 4는 8의 약수} \\ \text{8은 2와 4의 배수} \end{array}$$

그렇다면 만약 한 반의 학생 수를 24명과 25명 중 하나로 정해야 한다면 어떤 것이 더 짝을 만들기 좋을까요?

한 반의 학생 수를 25명으로 했을 때보다 24명으로 하면 여러 활동 시 모둠을 만들어야 하는 경우에 편리한 점이 있습니다.

남는 사람 없이 고르게 모둠을 만들 때, 25명은 한 모둠의 인원을 5명씩으로 밖에 만들 수 없지만 24명은 한 모둠의 인원을 2명, 3명, 4명, 6명, 8명, 12명으로 할 수 있어 필요에 따라 모둠의 인원을 자유롭게 만들 수 있게 됩니다.

이렇게 인원 수가 25명일 때보다 24명일 때 편리한 것은 25의 약수의 개수보다 24의 약수의 개수가 더 많기 때문입니다. 약수의 개수가 많다는 것은 그 수를 나타내는 곱셈식이 많이 만들어진다는 것이고 이는 상황에 따라 인원 수를 조정하는데 편리하다는 것입니다.

이처럼 약수와 배수, 공약수와 공배수를 실생활에 고려하여 사용하면 편리한 점들이 많답니다.

소마셈 D4 - 1주차

약수와 최대공약수

약수

 약수는 어떤 수로 나누었을 때 나머지가 0인 수, 즉 어떤 수를 나누어떨어지게 하는 수입니다. 다음과 같이 약수를 구하는 방법을 알아보고, 곱셈을 이용하여 약수를 구하세요.

8의 약수 구하기

$8 \div 1 = 8$, $8 \div 2 = 4$

$8 \div 4 = 2$, $8 \div 8 = 1$

8의 약수 ➡ 1, 2, 4, 8

$1 \times 8 = 8$, $2 \times 4 = 8$

$1 \times 8 = 8$

1, 2, 4, 8

$2 \times 4 = 8$

8의 약수 ➡ 1, 2, 4, 8

4의 약수 ➡ $4 = \boxed{1} \times \boxed{4} = \boxed{2} \times \boxed{2}$ ➡ 1, 2, 4

6의 약수 ➡ $6 = \boxed{} \times \boxed{} = \boxed{} \times \boxed{}$ ➡ _____

12의 약수 ➡ $12 = \boxed{} \times \boxed{} = \boxed{} \times \boxed{}$ ➡ _____

$= \boxed{} \times \boxed{}$

TIP

위와 같이 약수는 어떤 수를 나누어떨어지게 하는 수이므로 약수를 쉽게 구하려면 곱셈과 나눗셈의 관계를 이용하여 어떤 수를 두 자연수의 곱으로 나타내면 됩니다. 이때, ■의 약수에는 1과 ■(자기 자신)이 항상 포함됩니다.

🌱 곱셈을 이용하여 약수를 구하세요.

9의 약수 ➡ $9 = ① \times ⑨ = ③ \times 3$ ➡ 1, 3, 9

13의 약수 ➡   ➡

14의 약수 ➡   ➡

20의 약수 ➡   ➡

24의 약수 ➡   ➡

32의 약수 ➡   ➡

49의 약수 ➡   ➡

곱셈을 이용하여 약수를 구하세요.

16의 약수 ➡ 16 =①×⑯=②×⑧=④× 4 ➡ 1, 2, 4, 8, 16

22의 약수 ➡ ➡

25의 약수 ➡ ➡

30의 약수 ➡ ➡

44의 약수 ➡ ➡

51의 약수 ➡ ➡

75의 약수 ➡ ➡

2 일 차 공약수와 최대공약수

 공약수는 두 수 이상의 자연수들의 공통인 약수이고, **최대공약수**는 공약수 중에서 가장 큰 수입니다. 다음과 같이 각 수를 두 수의 곱셈식으로 나타내고, 공약수와 최대공약수를 구하세요.

곱셈식 이용하여 구하기

$(8, 12)$ ➡ $8 = ①×8 = ②×④$ ➡ 공약수   1, 2, 4

$12 = ①×12 = ②×6 = 3×④$ ➡ 최대공약수 4

$(6, 9)$ ➡ $6 = \Box×\Box = \Box×\Box$ ➡ 공약수 _____

$9 = \Box×\Box = \Box×\Box$ ➡ 최대공약수 _____

$(7, 14)$ ➡ $7 = \Box×\Box$ ➡ 공약수 _____

$14 = \Box×\Box = \Box×\Box$ ➡ 최대공약수 _____

$(8, 20)$ ➡ $8 = \Box×\Box = \Box×\Box$ ➡ 공약수 _____

$20 = \Box×\Box = \Box×\Box$ ➡ 최대공약수 _____

$= \Box×\Box$

TIP

각 수를 두 수의 곱셈식으로 나타냈을 때, 두 수의 곱셈식에서 공통인 수가 공약수, 이 공통인 수 중에서 가장 큰 수가 최대공약수입니다.

 두 수의 공약수와 최대공약수를 구하세요.

(6, 8) ➡ 6 = ①× 6 = ②× 3　　　　　➡ 공약수　　　1, 2

　　　　　8 = ①× 8 = ②× 4　　　　　➡ 최대공약수　2

(5, 30) ➡　　　　　　　　　　　　　➡ 공약수

　　　　　　　　　　　　　　　　　　➡ 최대공약수

(10, 20) ➡　　　　　　　　　　　　➡ 공약수

　　　　　　　　　　　　　　　　　　➡ 최대공약수

(16, 32) ➡　　　　　　　　　　　　➡ 공약수

　　　　　　　　　　　　　　　　　　➡ 최대공약수

(8, 28) ➡　　　　　　　　　　　　　➡ 공약수

　　　　　　　　　　　　　　　　　　➡ 최대공약수

(9, 36) ➡　　　　　　　　　　　　　➡ 공약수

　　　　　　　　　　　　　　　　　　➡ 최대공약수

두 수의 공약수와 최대공약수를 구하세요.

(2, 6) ➡   ➡ 공약수 _____

➡ 최대공약수 _____

(9, 27) ➡   ➡ 공약수 _____

➡ 최대공약수 _____

(7, 21) ➡   ➡ 공약수 _____

➡ 최대공약수 _____

(12, 18) ➡   ➡ 공약수 _____

➡ 최대공약수 _____

(13, 26) ➡   ➡ 공약수 _____

➡ 최대공약수 _____

(16, 24) ➡   ➡ 공약수 _____

➡ 최대공약수 _____

최대공약수 구하기 (1)

 다음과 같이 두 수를 가장 작은 수의 곱으로 나타낸 후, 공통으로 포함되어 있는 수들을 곱하여 최대공약수를 구하세요.

가장 작은 수의 곱으로 나타내어 구하기

$(6, 18)$ ➡ $6 = $ 2 × 3   ➡ 최대공약수 $2 \times 3 = 6$

$18 = $ 2 × 3 × 3

$(10, 16)$ ➡ $10 = $ ☐ × ☐   ➡ 최대공약수 _____

$16 = $ ☐ × ☐ × ☐ × ☐

$(20, 36)$ ➡ $20 = $ ☐ × ☐ × ☐   ➡ 최대공약수 _____

$36 = $ ☐ × ☐ × ☐ × ☐

$(8, 16)$ ➡ $8 = $ ☐ × ☐ × ☐   ➡ 최내공약수 _____

$16 = $ ☐ × ☐ × ☐ × ☐

TIP

두 수를 가장 작은 수의 곱으로 나타내는 것은 약수가 1과 자신뿐인 수의 곱으로 나타내는 것을 말합니다. 이때, 약수가 1과 자신뿐인 수를 소수라 하고, 2, 3, 5, 7, 11, ⋯ 과 같은 수입니다.

두 수의 최대공약수를 구하세요.

(9, 12) ➡ 9 = 3 × ③   ➡ 최대공약수 3

12 = 2 × 2 × ③

(6, 9) ➡   ➡ 최대공약수

(8, 18) ➡   ➡ 최대공약수

(7, 28) ➡   ➡ 최대공약수

(9, 15) ➡   ➡ 최대공약수

(12, 20) ➡   ➡ 최대공약수

(16, 18) ➡   ➡ 최대공약수

 두 수의 최대공약수를 구하세요.

(4, 8) ➡ 4 = $\boxed{2 \times 2}$　　　　　　➡ 최대공약수　$2 \times 2 = 4$

　　　　　　8 = $\boxed{2 \times 2}$ × 2

(6, 12) ➡　　　　　　　　　　➡ 최대공약수

(7, 35) ➡　　　　　　　　　　➡ 최대공약수

(9, 24) ➡　　　　　　　　　　➡ 최대공약수

(16, 20) ➡　　　　　　　　　　➡ 최대공약수

(21, 35) ➡　　　　　　　　　　➡ 최대공약수

(24, 32) ➡　　　　　　　　　　➡ 최대공약수

최대공약수 구하기 (2)

 다음과 같이 두 수의 공약수가 1뿐일 때까지 두 수의 공약수로 나눈 후 그 공약수들을 곱하여 최대공약수를 구하세요.

공약수로 나누어 구하기

$(6, 18)$ ➡

$$\begin{array}{r|cc} 2 & 6 & 18 \\ \hline 3 & 3 & 9 \\ \hline & 1 & 3 \end{array}$$

➡ 최대공약수 $2 \times 3 = 6$

$(8, 12)$ ➡ $\big)\ 8 \quad 12$ ➡ 최대공약수 _____

$(7, 21)$ ➡ $\big)\ 7 \quad 21$ ➡ 최대공약수 _____

$(8, 16)$ ➡ $\big)\ 8 \quad 16$ ➡ 최대공약수 _____

TIP

두 수를 1 이외의 공약수가 없을 때까지 두 수의 공약수로 계속 거꾸로 된 나눗셈을 합니다.
세로에 있는 공약수를 모두 곱한 수가 최대공약수가 됩니다.

 두 수의 최대공약수를 구하세요.

(6, 12) ➡
```
2 ) 6    12
3 ) 3    6
     1    2
```
➡ 최대공약수 __2×3=6__

(6, 14) ➡)_____   ➡ 최대공약수 _____

(7, 35) ➡)_____   ➡ 최대공약수 _____

(9, 39) ➡)_____   ➡ 최대공약수 _____

(9, 72) ➡)_____   ➡ 최대공약수 _____

(24, 36) ➡)_____   ➡ 최대공약수 _____

두 수의 최대공약수를 구하세요.

(7, 21) ➡)_____   ➡ 최대공약수 _____

(8, 28) ➡)_____   ➡ 최대공약수 _____

(9, 45) ➡)_____   ➡ 최대공약수 _____

(9, 27) ➡)_____   ➡ 최대공약수 _____

(10, 24) ➡)_____   ➡ 최대공약수 _____

(12, 32) ➡)_____   ➡ 최대공약수 _____

5 일 차 문장제

 다음을 읽고 알맞은 풀이과정을 쓰고, 답을 구하세요.

20과 30을 어떤 수로 나누면 나누어떨어집니다. 어떤 수가 될 수 있는 수 중에서 가장 큰 수는 무엇일까요?

> **풀이** 20과 30을 동시에 나누어떨어지게 하는 가장 큰 수는 20과 30의 최대공약수인 10입니다.
>
> $$2 \overline{)\ 20 \quad 30}$$
> $$5 \overline{)\ 10 \quad 15}$$
> $$\qquad 2 \qquad 3 \qquad \text{최대공약수} : 2 \times 5 = 10$$

31과 25를 어떤 수로 나누면 나머지가 모두 1입니다. 어떤 수가 될 수 있는 수 중에서 가장 큰 수는 무엇일까요?

> **풀이**

다음을 읽고 알맞은 풀이과정을 쓰고, 답을 구하세요.

색연필 21자루와 스케치북 33권을 학생들에게 남김없이 똑같이 나누어 주려고 합니다. 최대 몇 명까지 나누어 줄 수 있을까요?

풀이

명

사탕 30개와 초콜렛 45개를 학생들에게 남김없이 똑같이 나누어 주려고 합니다. 최대 몇 명까지 나누어 줄 수 있을까요?

풀이

명

 다음을 읽고 알맞은 풀이과정을 쓰고, 답을 구하세요.

길이가 63cm와 27cm인 두 개의 끈이 있습니다. 두 개의 끈을 될 수 있는 대로 길게 남김없이 똑같은 길이로 자르려고 합니다. 잘린 끈 한 개의 길이는 얼마일까요?

풀이

cm

가로가 18cm, 세로가 48cm인 직사각형 모양의 종이를 크기가 같은 정사각형 모양으로 남는 부분 없이 자르려고 합니다. 가장 큰 정사각형으로 자르면 한 변의 길이는 얼마일까요?

풀이

cm

다음을 읽고 알맞은 풀이과정을 쓰고, 답을 구하세요.

가로가 100cm, 세로가 40cm인 직사각형 모양의 게시판을 크기가 같은 정사각형 모양으로 남는 부분 없이 자르려고 합니다. 가장 큰 정사각형으로 자르면 한 변의 길이는 얼마일까요?

풀이

cm

크기가 같은 정사각형 모양의 종이를 붙여 가로 28cm, 세로 42cm의 직사각형 모양을 만들려고 합니다. 종이를 가능한 적게 사용할 때, 종이의 한 변의 길이는 얼마일까요?

풀이

cm

소마셈 D4 – 2주차

약분

크기가 같은 분수

 분모와 분자를 그들의 공약수로 나누는 것을 **약분**한다고 합니다. 다음과 같이 약수, 공약수를 이용하여 크기가 같은 분수를 만드는 방법을 알아보세요.

$\frac{4}{8}$와 크기가 같은 분수

4의 약수 ➡ 1, 2, 4

8의 약수 ➡ 1, 2, 4, 8

4와 8의 공약수 ➡ 1, 2, 4

크기가 같은 분수

➡ $\dfrac{4}{8} = \dfrac{4 \div 2}{8 \div 2} = \dfrac{\boxed{}}{\boxed{}}$, $\dfrac{4}{8} = \dfrac{4 \div 4}{8 \div 4} = \dfrac{\boxed{}}{\boxed{}}$

➡ $\dfrac{4}{8} = \dfrac{\boxed{}}{4} = \dfrac{\boxed{}}{2}$

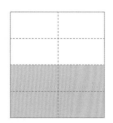      

$\dfrac{4}{8}$ $\dfrac{2}{4}$ $\dfrac{1}{2}$

 TIP

약분은 분모와 분자를 같은 수로 나누어 크기가 같고 분모가 작은 분수를 만드는 것입니다. 즉, 분수를 좀 더 간단한 분수로 나타내어 분수의 계산과정을 간편하게 하는 것입니다.

약수, 공약수를 구한 후 크기가 같은 분수를 모두 구하세요.

$\dfrac{2}{6}$ ➡ 2의 약수 : 1, 2

6의 약수 : 1, 2, 3, 6

2와 6의 공약수 : 1, 2

➡ $\dfrac{2}{6} = \dfrac{2 \div 2}{6 \div 2} = \dfrac{\square}{\square}$

$\dfrac{6}{12}$ ➡ 6의 약수 :

12의 약수 :

6과 12의 공약수 :

➡ $\dfrac{6}{12} = \dfrac{\square}{\square} = \dfrac{\square}{\square} = \dfrac{\square}{\square}$

$\dfrac{15}{20}$ ➡ 15의 약수 :

20의 약수 :

15와 20의 공약수 :

➡ $\dfrac{15}{20} = \dfrac{\square}{\square}$

$\dfrac{4}{24}$ ➡ 4의 약수 :

24의 약수 :

4와 24의 공약수 :

➡ $\dfrac{4}{24} = \dfrac{\square}{\square} = \dfrac{\square}{\square}$

$\dfrac{14}{28}$ ➡ 14의 약수 :

28의 약수 :

14와 28의 공약수 :

➡ $\dfrac{14}{28} = \dfrac{\square}{\square} = \dfrac{\square}{\square} = \dfrac{\square}{\square}$

 약수, 공약수를 구한 후 크기가 같은 분수를 모두 구하세요.

$\dfrac{6}{9}$ ➡ 6의 약수 :

9의 약수 :

6와 9의 공약수 :

➡ $\dfrac{6}{9} = \dfrac{\square}{\square}$

$\dfrac{5}{10}$ ➡ 5의 약수 :

10의 약수 :

5와 10의 공약수 :

➡ $\dfrac{5}{10} = \dfrac{\square}{\square}$

$\dfrac{8}{16}$ ➡ 8의 약수 :

16의 약수 :

8과 16의 공약수 :

➡ $\dfrac{8}{16} = \dfrac{\square}{\square} = \dfrac{\square}{\square} = \dfrac{\square}{\square}$

$\dfrac{6}{18}$ ➡ 6의 약수 :

18의 약수 :

6과 18의 공약수 :

➡ $\dfrac{6}{18} = \dfrac{\square}{\square} = \dfrac{\square}{\square} = \dfrac{\square}{\square}$

$\dfrac{12}{32}$ ➡ 12의 약수 :

32의 약수 :

12와 32의 공약수 :

➡ $\dfrac{12}{32} = \dfrac{\square}{\square} = \dfrac{\square}{\square}$

약분하기 (1)

 다음과 같이 분수를 공약수로 나누어 약분하세요.

공약수로 나누어 약분하기

20과 24의 공약수 : 1, 2, 4

$$\frac{20}{24} = \frac{10}{12} = \frac{5}{6}$$

9와 18의 공약수 : 1, 3, 9

$$\frac{9}{18} = \frac{3}{6} = \frac{1}{2}$$

$$\frac{4}{8} = \frac{\boxed{}}{4} = \frac{\boxed{}}{2}$$

$$\frac{3}{15} = \frac{1}{\boxed{}}$$

$$\frac{6}{10} = \frac{\boxed{}}{5}$$

$$\frac{6}{18} = \frac{3}{\boxed{}} = \frac{2}{\boxed{}} = \frac{1}{\boxed{}}$$

$$\frac{8}{12} = \frac{\boxed{}}{6} = \frac{\boxed{}}{3}$$

$$\frac{4}{36} = \frac{2}{\boxed{}} = \frac{1}{\boxed{}}$$

$$\frac{20}{24} = \frac{\boxed{}}{12} = \frac{\boxed{}}{6}$$

$$\frac{9}{72} = \frac{3}{\boxed{}} = \frac{1}{\boxed{}}$$

TIP

분모와 분자를 같은 공약수로 나누어 약분하면 서로 같은 분수를 찾을 수 있습니다. 이때 주어진 분자 또는 분모가 되도록 공약수 중 알맞은 수를 찾아 나누도록 합니다.

2주

🌱 분수를 약분하세요.

$\dfrac{3}{6} = \dfrac{1}{2}$

$\dfrac{12}{15} = \dfrac{4}{\boxed{}}$

$\dfrac{6}{12} = \dfrac{\boxed{}}{6} = \dfrac{\boxed{}}{4} = \dfrac{\boxed{}}{2}$

$\dfrac{6}{18} = \dfrac{3}{\boxed{}} = \dfrac{2}{\boxed{}} = \dfrac{1}{\boxed{}}$

$\dfrac{6}{36} = \dfrac{\boxed{}}{18} = \dfrac{\boxed{}}{12} = \dfrac{\boxed{}}{6}$

$\dfrac{21}{28} = \dfrac{3}{\boxed{}}$

$\dfrac{4}{24} = \dfrac{\boxed{}}{12} = \dfrac{\boxed{}}{6}$

$\dfrac{9}{36} = \dfrac{3}{\boxed{}} = \dfrac{1}{\boxed{}}$

$\dfrac{6}{54} = \dfrac{\boxed{}}{27} = \dfrac{\boxed{}}{18} = \dfrac{\boxed{}}{9}$

$\dfrac{6}{45} = \dfrac{2}{\boxed{}}$

$\dfrac{8}{28} = \dfrac{\boxed{}}{14} = \dfrac{\boxed{}}{7}$

$\dfrac{7}{56} = \dfrac{1}{\boxed{}}$

$\dfrac{11}{44} = \dfrac{\boxed{}}{4}$

$\dfrac{32}{40} = \dfrac{16}{\boxed{}} = \dfrac{8}{\boxed{}} = \dfrac{4}{\boxed{}}$

약분하기 (2)

 분수를 약분하세요.

$\dfrac{4}{12} = \dfrac{2}{6} = \dfrac{1}{3}$

$\dfrac{16}{20} = \dfrac{\boxed{}}{10} = \dfrac{\boxed{}}{5}$

$\dfrac{3}{21} = \dfrac{1}{\boxed{}}$

$\dfrac{9}{54} = \dfrac{3}{\boxed{}} = \dfrac{1}{\boxed{}}$

$\dfrac{12}{40} = \dfrac{\boxed{}}{20} = \dfrac{\boxed{}}{10}$

$\dfrac{12}{44} = \dfrac{6}{\boxed{}} = \dfrac{3}{\boxed{}}$

$\dfrac{8}{48} = \dfrac{\boxed{}}{24} = \dfrac{\boxed{}}{12} = \dfrac{\boxed{}}{6}$

$\dfrac{12}{16} = \dfrac{\boxed{}}{8} = \dfrac{\boxed{}}{4}$

$\dfrac{6}{20} = \dfrac{\boxed{}}{10}$

$\dfrac{27}{36} = \dfrac{9}{\boxed{}} = \dfrac{3}{\boxed{}}$

$\dfrac{6}{38} = \dfrac{\boxed{}}{19}$

$\dfrac{6}{46} = \dfrac{3}{\boxed{}}$

$\dfrac{30}{36} = \dfrac{\boxed{}}{18} = \dfrac{\boxed{}}{12} = \dfrac{\boxed{}}{6}$

$\dfrac{50}{65} = \dfrac{10}{\boxed{}}$

🌱 분수를 약분하세요.

$\dfrac{6}{12} = \dfrac{\boxed{3}}{6} = \dfrac{\boxed{2}}{4} = \dfrac{\boxed{1}}{2}$

$\dfrac{10}{14} = \dfrac{5}{\boxed{}}$

$\dfrac{4}{16} = \dfrac{2}{\boxed{}} = \dfrac{1}{\boxed{}}$

$\dfrac{12}{18} = \dfrac{\boxed{}}{9} = \dfrac{\boxed{}}{6} = \dfrac{\boxed{}}{3}$

$\dfrac{15}{20} = \dfrac{3}{\boxed{}}$

$\dfrac{8}{20} = \dfrac{\boxed{}}{10} = \dfrac{\boxed{}}{5}$

$\dfrac{9}{36} = \dfrac{\boxed{}}{12} = \dfrac{\boxed{}}{4}$

$\dfrac{12}{32} = \dfrac{\boxed{}}{16} = \dfrac{\boxed{}}{8}$

$\dfrac{14}{42} = \dfrac{7}{\boxed{}} = \dfrac{2}{\boxed{}} = \dfrac{1}{\boxed{}}$

$\dfrac{14}{35} = \dfrac{2}{\boxed{}}$

$\dfrac{7}{49} = \dfrac{1}{\boxed{}}$

$\dfrac{36}{46} = \dfrac{\boxed{}}{23}$

$\dfrac{9}{54} = \dfrac{\boxed{}}{18} = \dfrac{\boxed{}}{6}$

$\dfrac{54}{81} = \dfrac{18}{\boxed{}} = \dfrac{6}{\boxed{}} = \dfrac{2}{\boxed{}}$

기약분수로 나타내기 (1)

분모와 분자의 두 수의 공약수가 1 밖에 없는 분수를 **기약분수**라고 합니다. 다음과 같이 최대공약수로 약분하여 기약분수를 구하세요.

최대공약수로 나누어 약분하기

12와 16의 최대공약수 : 4

$$\frac{12}{16} = \frac{3}{4} \implies \frac{\cancel{12}^{3}}{\cancel{16}_{4}} = \frac{3}{4}$$

$$\frac{8}{20} = \frac{\quad}{\quad}$$

8과 20의 최대공약수 : 4

2	8	20
2	4	10
	2	5

$$\frac{12}{36} = \frac{\quad}{\quad}$$

12와 36의 최대공약수 :

)12   36

TIP

기약분수는 분모와 분자의 공약수가 1뿐이어서 더는 약분할 수 없는 가장 간단한 분수입니다. 앞서 분수를 공약수로 나누어 약분하여 크기가 같은 분수로 나타내었을 때, 가장 작은 수로 나타낸 분수가 기약분수입니다.
기약분수로 나타낼 때 공약수로 약분하면 여러 번 약분해야 하지만 최대공약수로 약분하면 한번에 구할 수 있습니다.

 분수를 기약분수로 나타내세요.

$\dfrac{10}{15}$ = $\dfrac{2}{3}$ ⑤)‾‾10‾‾‾‾15‾   2   3

$\dfrac{15}{18}$ = $\dfrac{}{}$)‾‾15‾‾‾‾18‾

$\dfrac{4}{12}$ = $\dfrac{}{}$

$\dfrac{16}{20}$ = $\dfrac{}{}$

$\dfrac{4}{14}$ = $\dfrac{}{}$

$\dfrac{9}{18}$ = $\dfrac{}{}$

$\dfrac{16}{24}$ = $\dfrac{}{}$

$\dfrac{12}{21}$ = $\dfrac{}{}$

$\dfrac{20}{35}$ = $\dfrac{}{}$

$\dfrac{2}{26}$ = $\dfrac{}{}$

$\dfrac{9}{24}$ = $\dfrac{}{}$

$\dfrac{6}{33}$ = $\dfrac{}{}$

$\dfrac{27}{36}$ = $\dfrac{}{}$

$\dfrac{7}{49}$ = $\dfrac{}{}$

분수를 기약분수로 나타내세요.

$\dfrac{3}{12} = \dfrac{}{}$

$\dfrac{10}{20} = \dfrac{}{}$

$\dfrac{6}{24} = \dfrac{}{}$

$\dfrac{7}{49} = \dfrac{}{}$

$\dfrac{9}{42} = \dfrac{}{}$

$\dfrac{17}{34} = \dfrac{}{}$

$\dfrac{18}{33} = \dfrac{}{}$

$\dfrac{6}{34} = \dfrac{}{}$

$\dfrac{9}{27} = \dfrac{}{}$

$\dfrac{4}{36} = \dfrac{}{}$

$\dfrac{6}{38} = \dfrac{}{}$

$\dfrac{24}{40} = \dfrac{}{}$

$\dfrac{15}{45} = \dfrac{}{}$

$\dfrac{36}{45} = \dfrac{}{}$

기약분수로 나타내기 (2)

 분수를 기약분수로 나타내세요.

$\dfrac{6}{18} = \dfrac{1}{3}$

$\dfrac{2}{20} = \dfrac{\square}{\square}$

$\dfrac{8}{12} = \dfrac{\square}{\square}$

$\dfrac{12}{24} = \dfrac{\square}{\square}$

$\dfrac{30}{40} = \dfrac{\square}{\square}$

$\dfrac{12}{36} = \dfrac{\square}{\square}$

$\dfrac{18}{45} = \dfrac{\square}{\square}$

$\dfrac{13}{39} = \dfrac{\square}{\square}$

$\dfrac{12}{16} = \dfrac{\square}{\square}$

$\dfrac{21}{28} = \dfrac{\square}{\square}$

$\dfrac{14}{22} = \dfrac{\square}{\square}$

$\dfrac{15}{27} = \dfrac{\square}{\square}$

 TIP

기약분수인지를 쉽게 판단하는 방법은 ① 분모와 분자가 모두 소수이거나 ② 분자가 1이거나 ③ 분모, 분자 두 수의 공약수가 1 밖에 없으면 기약분수입니다.

분수를 기약분수로 나타내세요.

$\dfrac{8}{28}$ =

$\dfrac{6}{48}$ =

$\dfrac{10}{24}$ =

$\dfrac{9}{45}$ =

$\dfrac{6}{54}$ =

$\dfrac{8}{32}$ =

$\dfrac{19}{38}$ =

$\dfrac{24}{48}$ =

$\dfrac{9}{36}$ =

$\dfrac{8}{60}$ =

$\dfrac{12}{60}$ =

$\dfrac{24}{44}$ =

$\dfrac{14}{49}$ =

$\dfrac{27}{63}$ =

소마셈 D4 - 3주차

배수와 최소공배수

배수

 배수는 어떤 수의 몇 배가 되는 수입니다. 다음과 같이 어떤 수를 1배, 2배, 3배, ⋯ 하여 배수를 구하세요.

> **5의 배수 구하기**
>
> $5 \times 1 = 5$, $5 \times 2 = 10$, $5 \times 3 = 15$, $5 \times 4 = 20$, $5 \times 5 = 25$ ⋯
>
> 5의 배수 ➡ 5, 10, 15, 20, 25, ⋯

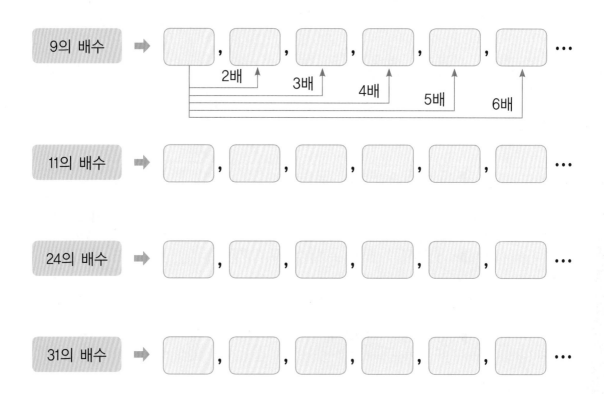

9의 배수 ➡ ☐ , ☐ , ☐ , ☐ , ☐ , ☐ ⋯

2배 3배 4배 5배 6배

11의 배수 ➡ ☐ , ☐ , ☐ , ☐ , ☐ , ☐ ⋯

24의 배수 ➡ ☐ , ☐ , ☐ , ☐ , ☐ , ☐ ⋯

31의 배수 ➡ ☐ , ☐ , ☐ , ☐ , ☐ , ☐ ⋯

TIP

어떤 수의 배수 중에서 가장 작은 수는 어떤 수 자신이고, 어떤 수의 배수는 무수히 많으므로 가장 큰 배수는 구할 수 없습니다.

배수를 가장 작은 수부터 차례대로 6개 써보세요.

| 2의 배수 | ➡ | 2, 4, 6, 8, 10, 12, ··· |

| 6의 배수 | ➡ |

| 13의 배수 | ➡ |

| 14의 배수 | ➡ |

| 20의 배수 | ➡ |

| 23의 배수 | ➡ |

| 32의 배수 | ➡ |

배수를 가장 작은 수부터 차례대로 6개 써보세요.

3의 배수 ➡ 3, 6, 9, 12, 15, 18, ⋯

8의 배수 ➡

10의 배수 ➡

16의 배수 ➡

24의 배수 ➡

30의 배수 ➡

37의 배수 ➡

공배수와 최소공배수

 공배수는 두 수 이상의 자연수들의 공통인 배수이고, **최소공배수**는 공배수 중에서 가장 작은 수입니다. 다음과 같이 각 수의 배수를 이용하여 공배수와 최소공배수를 구하세요.

배수 이용하여 구하기

$(4, 6)$ ➡ $4 = 4, 8, \boxed{12}, 16, 20, \boxed{24}, 28, 32, \boxed{36}, \cdots$ ➡ 공배수   12, 24, 36

$6 = 6, \boxed{12}, 18, \boxed{24}, 30, \boxed{36}, \cdots$ ➡ 최소공배수   12

$(8, 2)$ ➡ $8 = \boxed{}, \boxed{}, \boxed{} \cdots$ ➡ 공배수 _____

$2 = \boxed{}, \boxed{}, \boxed{}, \boxed{}, \boxed{}, \boxed{},$ ➡ 최소공배수 _____

$\boxed{}, \boxed{}, \boxed{}, \boxed{}, \boxed{} \cdots$

$(6, 12)$ ➡ $6 = \boxed{}, \boxed{}, \boxed{}, \boxed{}, \boxed{} \cdots$ ➡ 공배수 _____

$12 = \boxed{}, \boxed{}, \boxed{} \cdots$ ➡ 최소공배수 _____

$(16, 24)$ ➡ $16 = \boxed{}, \boxed{}, \boxed{}, \boxed{}, \boxed{},$ ➡ 공배수 _____

$\boxed{}, \boxed{} \cdots$ ➡ 최소공배수 _____

$24 = \boxed{}, \boxed{}, \boxed{}, \boxed{}, \boxed{} \cdots$

 두 수의 공배수를 가장 작은 수부터 차례대로 3개 쓰고, 최소공배수를 구하세요.

(2, 4) ➡ 2 = 2, ④, 6, ⑧, 10, ⑫ ···   ➡ 공배수   4, 8, 12

4 = ④, ⑧, ⑫ ···   ➡ 최소공배수   4

(8, 6) ➡   ➡ 공배수

➡ 최소공배수

(7, 14) ➡   ➡ 공배수

➡ 최소공배수

(5, 15) ➡   ➡ 공배수

➡ 최소공배수

(11, 22) ➡   ➡ 공배수

➡ 최소공배수

(20, 30) ➡   ➡ 공배수

➡ 최소공배수

두 수의 공배수를 가장 작은 수부터 차례대로 3개 쓰고, 최소공배수를 구하세요.

(3, 6) ➡   ➡ 공배수

_____

➡ 최소공배수

_____

(6, 9) ➡   ➡ 공배수

_____

➡ 최소공배수

_____

(8, 12) ➡   ➡ 공배수

_____

➡ 최소공배수

_____

(10, 20) ➡   ➡ 공배수

_____

➡ 최소공배수

_____

(12, 9) ➡   ➡ 공배수

_____

➡ 최소공배수

_____

(15, 5) ➡   ➡ 공배수

_____

➡ 최소공배수

_____

최소공배수 구하기 (1)

 다음과 같이 두 수를 가장 작은 수의 곱으로 나타낸 후, 공통으로 포함되어 있는 수들에 나머지 수들을 곱하여 최소공배수를 구하세요.

가장 작은 수의 곱으로 나타내어 구하기

$(6, 18)$ ➡ $6 = 2 \times 3$

$18 = 2 \times 3 \times 3$

➡ 최소공배수 $2 \times 3 \times 3 = 18$

$(6, 9)$ ➡ $6 = \boxed{} \times \boxed{}$

$9 = \boxed{} \times \boxed{}$

➡ 최소공배수 _____

$(8, 18)$ ➡ $8 = \boxed{} \times \boxed{} \times \boxed{}$

$18 = \boxed{} \times \boxed{} \times \boxed{}$

➡ 최소공배수 _____

$(6, 24)$ ➡ $6 = \boxed{} \times \boxed{}$

$24 = \boxed{} \times \boxed{} \times \boxed{} \times \boxed{}$

➡ 최소공배수 _____

 TIP

최대공약수는 먼저 두 수를 가장 작은 수의 곱으로 나타낸 후, 공통인 수끼리만 한 번 곱하는 반면, 최소공배수는 공통인 수는 한 번만 곱하고, 나머지 수를 모두 곱합니다. 최대공약수와 최소공배수를 구하는 방법을 헷갈리지 않도록 주의합니다.

두 수의 최소공배수를 구하세요.

(4, 8) ➡ 4 = ⟨2 × 2⟩

8 = ⟨2 × 2⟩ × ②

➡ 최소공배수   2×2×2=8

(6, 8) ➡

➡ 최소공배수

(8, 16) ➡

➡ 최소공배수

(4, 16) ➡

➡ 최소공배수

(15, 20) ➡

➡ 최소공배수

(18, 24) ➡

➡ 최소공배수

(21, 6) ➡

➡ 최소공배수

🌱 두 수의 최소공배수를 구하세요.

(2, 10) ➡   ➡ 최소공배수 _____

(8, 12) ➡   ➡ 최소공배수 _____

(14, 18) ➡   ➡ 최소공배수 _____

(15, 12) ➡   ➡ 최소공배수 _____

(24, 8) ➡   ➡ 최소공배수 _____

(27, 9) ➡   ➡ 최소공배수 _____

(36, 63) ➡   ➡ 최소공배수 _____

최소공배수 구하기 (2)

 다음과 같이 두 수의 공약수가 1뿐일 때까지 두 수의 공약수로 나눈 후 그 공약수들과 나머지 수들을 모두 곱하여 최소공배수를 구하세요.

공약수로 나누어 구하기

$(6, 18)$ ➡

$$2) \overline{6 \quad 18}$$
$$3) \overline{3 \quad 9}$$
$$ 1 \quad 3$$

➡ 최소공배수 $2 \times 3 \times 1 \times 3 = 18$

$(4, 16)$ ➡ $) \overline{4 \quad 16}$ ➡ 최소공배수 _____

$(9, 33)$ ➡ $) \overline{9 \quad 33}$ ➡ 최소공배수 _____

$(12, 36)$ ➡ $) \overline{12 \quad 36}$ ➡ 최소공배수 _____

TIP

두 수를 1 이외의 공약수가 없을 때까지 두 수의 공약수로 계속 거꾸로 된 나눗셈을 합니다.
세로에 있는 공약수에 가로에 있는 나머지 수들까지 모두 곱한 수가 최소공배수가 됩니다.

 두 수의 최소공배수를 구하세요.

(6, 12) ➡

2	6	12
3	3	6
	1	2

➡ 최소공배수 $2 \times 3 \times 1 \times 2 = 12$

(6, 10) ➡ ⟩ _____

➡ 최소공배수 _____

(12, 9) ➡ ⟩ _____

➡ 최소공배수 _____

(18, 42) ➡ ⟩ _____

➡ 최소공배수 _____

(11, 44) ➡ ⟩ _____

➡ 최소공배수 _____

(12, 60) ➡ ⟩ _____

➡ 최소공배수 _____

두 수의 최소공배수를 구하세요.

(5, 20) ➡ ⟩⎯⎯⎯⎯⎯⎯   ➡ 최소공배수 ⎯⎯⎯⎯⎯⎯⎯⎯⎯⎯⎯⎯

(8, 20) ➡ ⟩⎯⎯⎯⎯⎯⎯   ➡ 최소공배수 ⎯⎯⎯⎯⎯⎯⎯⎯⎯⎯⎯⎯

(15, 30) ➡ ⟩⎯⎯⎯⎯⎯⎯   ➡ 최소공배수 ⎯⎯⎯⎯⎯⎯⎯⎯⎯⎯⎯⎯

(16, 72) ➡ ⟩⎯⎯⎯⎯⎯⎯   ➡ 최소공배수 ⎯⎯⎯⎯⎯⎯⎯⎯⎯⎯⎯⎯

(18, 30) ➡ ⟩⎯⎯⎯⎯⎯⎯   ➡ 최소공배수 ⎯⎯⎯⎯⎯⎯⎯⎯⎯⎯⎯⎯

(27, 54) ➡ ⟩⎯⎯⎯⎯⎯⎯   ➡ 최소공배수 ⎯⎯⎯⎯⎯⎯⎯⎯⎯⎯⎯⎯

문장제

 다음을 읽고 알맞은 풀이과정을 쓰고, 답을 구하세요.

어떤 수는 10과 8 어느 것으로 나누어도 나누어떨어집니다. 어떤 수가 될 수 있는 수 중에서 가장 작은 수는 무엇일까요?

풀이 10으로도 나누어지고, 8로도 나누어지는 가장 작은 수이므로 구하는 수는 10과 8의 최소공배수입니다.

$$2\,)\,\overline{\,10\quad 8\,}$$
$$\;5\quad\; 4 \qquad \text{최소공배수 : } 2\times5\times4=40$$

어떤 수는 16과 12 어느 것으로 나누어도 나누어떨어집니다. 어떤 수가 될 수 있는 수 중에서 가장 작은 수는 무엇일까요?

풀이

🌱 다음을 읽고 알맞은 풀이과정을 쓰고, 답을 구하세요.

가로가 15cm, 세로가 12cm인 직사각형 모양의 타일을 겹치지 않게 붙여서 가장 작은 정사각형 모양을 만들려고 합니다. 이 정사각형 모양의 한 변의 길이는 얼마일까요?

풀이

cm

가로가 8cm, 세로가 18cm인 직사각형 모양의 종이를 겹치지 않게 붙여서 가장 작은 정사각형 모양을 만들려고 합니다. 이 정사각형 모양의 한 변의 길이는 얼마일까요?

풀이

cm

 다음을 읽고 알맞은 풀이과정을 쓰고, 답을 구하세요.

어느 역에서 대구행 기차는 25분마다, 부산행 기차는 10분마다 출발합니다. 두 기차는 몇 분마다 동시에 출발할까요?

풀이

분

어느 정류장의 일반 버스는 8분마다, 광역 버스는 12분마다 출발합니다. 오전 7시에 두 버스가 동시에 출발했을 때, 두 버스가 그 다음에 동시에 출발하는 시각은 7시 몇 분일까요?

풀이

분

다음을 읽고 알맞은 풀이과정을 쓰고, 답을 구하세요.

어느 정류장의 A 버스는 10분마다, B 버스는 6분마다 출발합니다. 8시 15분에 이 정류장에서 두 버스가 동시에 출발했을 때, 다음 번에 두 버스가 동시에 출발하는 시각은 몇 분 후 일까요?

풀이

분

선호와 지훈이가 어떤 연못을 한 번 도는 데 걸리는 시간은 각각 30분, 24분입니다. 연못 둘레의 한 지점에서 동시에 같은 방향으로 출발했을 때, 두 사람이 처음으로 다시 만나게 되는 것은 몇 분 후일까요?

풀이

분

소마셈 D4 – 4주차

통분

통분하기 (1)

분수의 분모를 같게 하는 것을 **통분**한다고 합니다. 다음과 같이 분모의 곱을 공통분모로 하여 통분하는 방법을 알아보세요.

> **분모의 곱을 공통분모로 하여 통분하기**
>
> $$\left(\frac{1}{4}, \frac{3}{5}\right) \Rightarrow \left(\frac{1\times5}{4\times5}, \frac{3\times4}{5\times4}\right) \Rightarrow \left(\frac{5}{20}, \frac{12}{20}\right)$$

$$\left(\frac{2}{3}, \frac{4}{7}\right) \Rightarrow \left(\frac{2\times\boxed{}}{3\times\boxed{}}, \frac{4\times\boxed{}}{7\times\boxed{}}\right) \Rightarrow \left(\frac{\boxed{}}{\boxed{}}, \frac{\boxed{}}{\boxed{}}\right)$$

$$\left(\frac{1}{6}, \frac{2}{9}\right) \Rightarrow \left(\frac{1\times\boxed{}}{6\times\boxed{}}, \frac{2\times\boxed{}}{9\times\boxed{}}\right) \Rightarrow \left(\frac{\boxed{}}{\boxed{}}, \frac{\boxed{}}{\boxed{}}\right)$$

$$\left(1\frac{1}{2}, 2\frac{3}{5}\right) \Rightarrow \left(1\frac{1\times\boxed{}}{2\times\boxed{}}, 2\frac{3\times\boxed{}}{5\times\boxed{}}\right) \Rightarrow \left(\boxed{}\frac{\boxed{}}{\boxed{}}, \boxed{}\frac{\boxed{}}{\boxed{}}\right)$$

TIP

통분은 분모가 다른 분수를 더하거나 뺄 때 두 분수의 분모를 같게 만드는 과정입니다. 통분을 하는 방법은 여러 가지가 있는데, 위와 같이 두 분모의 곱을 공통분모로 하는 통분에서는 분모끼리 서로 곱하고, 두 분자에 각각 다른 분모를 곱합니다. 이 방법은 두 분모의 공약수가 1 밖에 없는 경우에 사용하면 편리합니다.

분모의 곱을 공통분모로 하여 두 분수를 통분하세요.

$\left(\dfrac{2}{3}, \dfrac{1}{2}\right)$ ➡ $\left(\dfrac{4}{6}, \dfrac{3}{6}\right)$ $\left(1\dfrac{1}{4}, 1\dfrac{3}{5}\right)$ ➡ (,   )

$\left(\dfrac{2}{3}, \dfrac{3}{4}\right)$ ➡ (,   ) $\left(2\dfrac{2}{5}, 1\dfrac{1}{6}\right)$ ➡ (,   )

$\left(\dfrac{5}{6}, \dfrac{3}{7}\right)$ ➡ (,   ) $\left(1\dfrac{3}{8}, 2\dfrac{2}{3}\right)$ ➡ (,   )

$\left(\dfrac{3}{5}, \dfrac{1}{6}\right)$ ➡ (,   ) $\left(2\dfrac{1}{2}, 3\dfrac{4}{5}\right)$ ➡ (,   )

$\left(\dfrac{1}{3}, \dfrac{2}{7}\right)$ ➡ (,   ) $\left(2\dfrac{3}{4}, 4\dfrac{3}{5}\right)$ ➡ (,   )

$\left(\dfrac{3}{8}, \dfrac{5}{9}\right)$ ➡ (,   ) $\left(3\dfrac{7}{9}, 3\dfrac{1}{2}\right)$ ➡ (,   )

$\left(\dfrac{5}{7}, \dfrac{2}{9}\right)$ ➡ (,   ) $\left(5\dfrac{1}{2}, 2\dfrac{3}{10}\right)$ ➡ (,   )

분모의 곱을 공통분모로 하여 두 분수를 통분하세요.

$\left(\dfrac{1}{3}, \dfrac{3}{4}\right)$ ➡ $\left(\dfrac{4}{12}, \dfrac{9}{12}\right)$　　$\left(2\dfrac{3}{4}, 4\dfrac{1}{5}\right)$ ➡ (,　　)

$\left(\dfrac{3}{5}, \dfrac{2}{3}\right)$ ➡ (,　　)　　$\left(3\dfrac{2}{3}, 3\dfrac{6}{7}\right)$ ➡ (,　　)

$\left(\dfrac{1}{7}, \dfrac{3}{4}\right)$ ➡ (,　　)　　$\left(3\dfrac{3}{7}, 2\dfrac{1}{3}\right)$ ➡ (,　　)

$\left(\dfrac{2}{3}, \dfrac{1}{4}\right)$ ➡ (,　　)　　$\left(4\dfrac{3}{8}, 3\dfrac{3}{4}\right)$ ➡ (,　　)

$\left(\dfrac{1}{2}, \dfrac{2}{7}\right)$ ➡ (,　　)　　$\left(1\dfrac{1}{2}, 5\dfrac{6}{7}\right)$ ➡ (,　　)

$\left(\dfrac{3}{7}, \dfrac{4}{5}\right)$ ➡ (,　　)　　$\left(2\dfrac{4}{9}, 4\dfrac{2}{4}\right)$ ➡ (,　　)

$\left(\dfrac{2}{7}, \dfrac{5}{8}\right)$ ➡ (,　　)　　$\left(3\dfrac{7}{10}, 3\dfrac{1}{3}\right)$ ➡ (,　　)

통분하기 (2)

 분모의 곱을 공통분모로 하여 두 분수를 통분하세요.

$(\dfrac{1}{2} , \dfrac{3}{5}) \Rightarrow (\dfrac{5}{10} , \dfrac{6}{10})$　　$(1\dfrac{4}{5} , 2\dfrac{3}{4}) \Rightarrow (\quad , \quad)$

$(\dfrac{1}{3} , \dfrac{4}{7}) \Rightarrow (\quad , \quad)$　　$(4\dfrac{1}{2} , 3\dfrac{7}{8}) \Rightarrow (\quad , \quad)$

$(\dfrac{4}{5} , \dfrac{1}{7}) \Rightarrow (\quad , \quad)$　　$(2\dfrac{1}{3} , 2\dfrac{4}{5}) \Rightarrow (\quad , \quad)$

$(\dfrac{5}{7} , \dfrac{1}{8}) \Rightarrow (\quad , \quad)$　　$(3\dfrac{1}{2} , 3\dfrac{8}{9}) \Rightarrow (\quad , \quad)$

$(\dfrac{3}{4} , \dfrac{3}{5}) \Rightarrow (\quad , \quad)$　　$(1\dfrac{5}{6} , 6\dfrac{2}{7}) \Rightarrow (\quad , \quad)$

$(\dfrac{2}{5} , \dfrac{7}{8}) \Rightarrow (\quad , \quad)$　　$(4\dfrac{1}{6} , 3\dfrac{4}{11}) \Rightarrow (\quad , \quad)$

$(\dfrac{1}{10} , \dfrac{5}{9}) \Rightarrow (\quad , \quad)$　　$(2\dfrac{3}{5} , 5\dfrac{7}{12}) \Rightarrow (\quad , \quad)$

분모의 곱을 공통분모로 하여 두 분수를 통분하세요.

$\left(\dfrac{2}{4}, \dfrac{2}{3}\right) \Rightarrow \left(\dfrac{6}{12}, \dfrac{8}{12}\right)$ $\qquad$ $\left(4\dfrac{3}{5}, 2\dfrac{3}{8}\right) \Rightarrow (\quad , \quad)$

$\left(\dfrac{2}{5}, \dfrac{2}{6}\right) \Rightarrow (\quad , \quad)$ $\qquad$ $\left(1\dfrac{1}{2}, 4\dfrac{6}{7}\right) \Rightarrow (\quad , \quad)$

$\left(\dfrac{1}{6}, \dfrac{3}{8}\right) \Rightarrow (\quad , \quad)$ $\qquad$ $\left(2\dfrac{1}{4}, 2\dfrac{4}{9}\right) \Rightarrow (\quad , \quad)$

$\left(\dfrac{2}{5}, \dfrac{3}{7}\right) \Rightarrow (\quad , \quad)$ $\qquad$ $\left(3\dfrac{2}{3}, 1\dfrac{5}{8}\right) \Rightarrow (\quad , \quad)$

$\left(\dfrac{7}{8}, \dfrac{1}{3}\right) \Rightarrow (\quad , \quad)$ $\qquad$ $\left(5\dfrac{8}{9}, 2\dfrac{1}{3}\right) \Rightarrow (\quad , \quad)$

$\left(\dfrac{1}{4}, \dfrac{2}{9}\right) \Rightarrow (\quad , \quad)$ $\qquad$ $\left(3\dfrac{1}{3}, 3\dfrac{7}{12}\right) \Rightarrow (\quad , \quad)$

$\left(\dfrac{1}{8}, \dfrac{6}{7}\right) \Rightarrow (\quad , \quad)$ $\qquad$ $\left(4\dfrac{5}{13}, 2\dfrac{2}{3}\right) \Rightarrow (\quad , \quad)$

통분하기 (3)

 다음과 같이 두 분모의 최소공배수를 공통분모로 하여 통분하는 방법을 알아보세요.

분모의 최소공배수를 공통분모로 하여 통분하기

4와 6의 최소공배수 : 12

$$\left(\frac{3}{4}, \frac{1}{6} \right) \Rightarrow \left(\frac{3 \times 3}{4 \times 3}, \frac{1 \times 2}{6 \times 2} \right) \Rightarrow \left(\frac{9}{12}, \frac{2}{12} \right)$$

$$\left(\frac{1}{6}, \frac{3}{8} \right) \Rightarrow \left(\frac{1 \times \square}{6 \times \square}, \frac{3 \times \square}{8 \times \square} \right) \Rightarrow \left(\frac{\square}{\square}, \frac{\square}{\square} \right)$$

6과 8의 최소공배수 :

$$\overline{)\ 6 \quad 8}$$

$$\left(1\frac{1}{4}, 2\frac{7}{10} \right) \Rightarrow \left(1\frac{1 \times \square}{4 \times \square}, 2\frac{7 \times \square}{10 \times \square} \right) \Rightarrow \left(\square\frac{\square}{\square}, \square\frac{\square}{\square} \right)$$

4와 10의 최소공배수 :

$$\overline{)\ 4 \quad 10}$$

TIP

두 분모의 최소공배수를 공통분모로 하는 통분에서는 통분한 분모가 두 분모의 최소공배수가 되도록 각각의 분모에 알맞은 어떤 수를 곱하고, 분자에도 같은 수를 곱합니다.

 분모의 최소공배수를 공통분모로 하여 두 분수를 통분하세요.

$(\dfrac{1}{4}, \dfrac{1}{6})$ ➡ $(\dfrac{3}{12}, \dfrac{2}{12})$　　$(1\dfrac{2}{3}, 2\dfrac{2}{5})$ ➡ $(\quad, \quad)$

$(\dfrac{1}{2}, \dfrac{5}{7})$ ➡ $(\quad, \quad)$　　$(2\dfrac{2}{3}, 3\dfrac{5}{6})$ ➡ $(\quad, \quad)$

$(\dfrac{1}{2}, \dfrac{7}{8})$ ➡ $(\quad, \quad)$　　$(2\dfrac{3}{4}, 2\dfrac{5}{6})$ ➡ $(\quad, \quad)$

$(\dfrac{5}{6}, \dfrac{1}{2})$ ➡ $(\quad, \quad)$　　$(4\dfrac{6}{7}, 1\dfrac{1}{4})$ ➡ $(\quad, \quad)$

$(\dfrac{5}{6}, \dfrac{3}{10})$ ➡ $(\quad, \quad)$　　$(3\dfrac{3}{4}, 3\dfrac{3}{8})$ ➡ $(\quad, \quad)$

TIP

앞에서 배운 두 분모의 곱을 공통분모로 하여 통분하면 최소공배수를 구하지 않아도 되지만 분모의 곱이 크면 계산이 복잡해지고, 위와 같이 분모의 최소공배수를 공통분모로 하여 통분 하면 분모의 곱이 작아 계산은 편리하지만 최소공배수를 구하는 과정이 필요합니다. 따라서 상황에 따라 더 편리한 통분 방법을 선택하여 이용할 수 있도록 두 가지 방법을 모두 연습 할 수 있도록 합니다.

🌱 분모의 최소공배수를 공통분모로 하여 두 분수를 통분하세요.

$(\dfrac{1}{2} , \dfrac{1}{8})$ ➡ (,   )

$(1\dfrac{1}{3} , 2\dfrac{5}{9})$ ➡ (,   )

$(\dfrac{3}{4} , \dfrac{5}{6})$ ➡ (,   )

$(2\dfrac{5}{6} , 4\dfrac{7}{15})$ ➡ (,   )

$(\dfrac{1}{6} , \dfrac{7}{9})$ ➡ (,   )

$(1\dfrac{3}{4} , 1\dfrac{3}{10})$ ➡ (,   )

$(\dfrac{4}{9} , \dfrac{5}{6})$ ➡ (,   )

$(3\dfrac{5}{8} , 3\dfrac{3}{4})$ ➡ (,   )

$(\dfrac{5}{8} , \dfrac{7}{12})$ ➡ (,   )

$(3\dfrac{1}{5} , 6\dfrac{5}{12})$ ➡ (,   )

$(\dfrac{8}{9} , \dfrac{11}{18})$ ➡ (,   )

$(4\dfrac{1}{6} , 1\dfrac{7}{18})$ ➡ (,   )

$(\dfrac{1}{12} , \dfrac{4}{15})$ ➡ (,   )

$(3\dfrac{7}{12} , 4\dfrac{5}{18})$ ➡ (,   )

통분하기 (4)

 분모의 최소공배수를 공통분모로 하여 두 분수를 통분하세요.

$\left(\dfrac{1}{3}, \dfrac{2}{5}\right)$ ➡ $\left(\dfrac{5}{15}, \dfrac{6}{15}\right)$　　$\left(3\dfrac{5}{6}, 2\dfrac{5}{8}\right)$ ➡ $(\quad, \quad)$

$\left(\dfrac{1}{6}, \dfrac{4}{9}\right)$ ➡ $(\quad, \quad)$　　$\left(1\dfrac{3}{8}, 3\dfrac{1}{2}\right)$ ➡ $(\quad, \quad)$

$\left(\dfrac{7}{8}, \dfrac{9}{10}\right)$ ➡ $(\quad, \quad)$　　$\left(2\dfrac{8}{9}, 4\dfrac{4}{5}\right)$ ➡ $(\quad, \quad)$

$\left(\dfrac{3}{5}, \dfrac{7}{12}\right)$ ➡ $(\quad, \quad)$　　$\left(6\dfrac{2}{5}, 1\dfrac{7}{15}\right)$ ➡ $(\quad, \quad)$

$\left(\dfrac{1}{6}, \dfrac{9}{14}\right)$ ➡ $(\quad, \quad)$　　$\left(2\dfrac{5}{6}, 5\dfrac{11}{12}\right)$ ➡ $(\quad, \quad)$

$\left(\dfrac{7}{9}, \dfrac{13}{18}\right)$ ➡ $(\quad, \quad)$　　$\left(1\dfrac{3}{4}, 4\dfrac{7}{18}\right)$ ➡ $(\quad, \quad)$

$\left(\dfrac{1}{14}, \dfrac{7}{28}\right)$ ➡ $(\quad, \quad)$　　$\left(3\dfrac{2}{15}, 3\dfrac{1}{18}\right)$ ➡ $(\quad, \quad)$

분모의 최소공배수를 공통분모로 하여 두 분수를 통분하세요.

$(\dfrac{1}{4}, \dfrac{5}{6}) \Rightarrow ($　　,　　$)$　　$(5\dfrac{7}{8}, 1\dfrac{1}{6}) \Rightarrow ($　　,　　$)$

$(\dfrac{2}{15}, \dfrac{1}{6}) \Rightarrow ($　　,　　$)$　　$(2\dfrac{2}{9}, 2\dfrac{5}{12}) \Rightarrow ($　　,　　$)$

$(\dfrac{3}{4}, \dfrac{7}{10}) \Rightarrow ($　　,　　$)$　　$(1\dfrac{9}{10}, 4\dfrac{2}{15}) \Rightarrow ($　　,　　$)$

$(\dfrac{1}{4}, \dfrac{3}{10}) \Rightarrow ($　　,　　$)$　　$(3\dfrac{1}{12}, 6\dfrac{4}{21}) \Rightarrow ($　　,　　$)$

$(\dfrac{5}{8}, \dfrac{3}{10}) \Rightarrow ($　　,　　$)$　　$(4\dfrac{1}{10}, 2\dfrac{5}{12}) \Rightarrow ($　　,　　$)$

$(\dfrac{3}{4}, \dfrac{5}{18}) \Rightarrow ($　　,　　$)$　　$(7\dfrac{3}{8}, 1\dfrac{7}{12}) \Rightarrow ($　　,　　$)$

$(\dfrac{2}{15}, \dfrac{5}{21}) \Rightarrow ($　　,　　$)$　　$(2\dfrac{3}{16}, 5\dfrac{11}{24}) \Rightarrow ($　　,　　$)$

두 분수의 크기 비교

 두 분수의 크기를 비교하여 ○ 안에 >, =, <를 알맞게 써넣으세요.

$$\frac{2}{3} \,\,<\,\, \frac{5}{6}$$

$$\frac{2}{3} = \frac{4}{6}$$

$$2\frac{2}{3} \,\, \bigcirc \,\, 1\frac{1}{8}$$

$$\frac{4}{5} \,\, \bigcirc \,\, \frac{4}{7}$$

$$2\frac{4}{7} \,\, \bigcirc \,\, 2\frac{2}{5}$$

$$\frac{2}{9} \,\, \bigcirc \,\, \frac{5}{12}$$

$$3\frac{1}{10} \,\, \bigcirc \,\, 3\frac{5}{12}$$

$$\frac{9}{10} \,\, \bigcirc \,\, \frac{2}{15}$$

$$2\frac{5}{7} \,\, \bigcirc \,\, 1\frac{2}{21}$$

$$\frac{14}{15} \,\, \bigcirc \,\, \frac{19}{21}$$

$$2\frac{1}{20} \,\, \bigcirc \,\, 2\frac{1}{14}$$

 TIP

분수를 통분한 후 분자의 크기를 비교합니다.

두 분수의 크기를 비교하여 ○ 안에 >, =, <를 알맞게 써넣으세요.

$\dfrac{1}{8}$ ○ $\dfrac{5}{6}$

$1\dfrac{4}{5}$ ○ $1\dfrac{3}{4}$

$\dfrac{5}{6}$ ○ $\dfrac{2}{9}$

$3\dfrac{1}{2}$ ○ $3\dfrac{5}{6}$

$\dfrac{6}{12}$ ○ $\dfrac{1}{15}$

$1\dfrac{3}{8}$ ○ $1\dfrac{7}{12}$

$\dfrac{5}{30}$ ○ $\dfrac{3}{18}$

$2\dfrac{3}{8}$ ○ $2\dfrac{5}{7}$

$\dfrac{4}{15}$ ○ $\dfrac{11}{20}$

$3\dfrac{3}{10}$ ○ $3\dfrac{2}{9}$

$\dfrac{15}{16}$ ○ $\dfrac{9}{10}$

$2\dfrac{8}{13}$ ○ $1\dfrac{7}{12}$

보충학습

Drill

약수와 최대공약수

두 수의 최대공약수를 구하세요.

(4, 12) ➡ 4 = $\boxed{2 \times 2}$

12 = $\boxed{2 \times 2}$ × 3

➡ 최대공약수 $2 \times 2 = 4$

(6, 8) ➡

➡ 최대공약수

(9, 15) ➡

➡ 최대공약수

(8, 16) ➡

➡ 최대공약수

(6, 20) ➡

➡ 최대공약수

(8, 18) ➡

➡ 최대공약수

(25, 50) ➡

➡ 최대공약수

두 수의 최대공약수를 구하세요.

(3, 12) ➡   ➡ 최대공약수 _____

(2, 14) ➡   ➡ 최대공약수 _____

(14, 16) ➡   ➡ 최대공약수 _____

(27, 45) ➡   ➡ 최대공약수 _____

(15, 30) ➡   ➡ 최대공약수 _____

(18, 45) ➡   ➡ 최대공약수 _____

(12, 27) ➡   ➡ 최대공약수 _____

두 수의 최대공약수를 구하세요.

(8, 12) ➡

$$\begin{array}{r|cc} 2 & 8 & 12 \\ 2 & 4 & 6 \\ \hline & 2 & 3 \end{array}$$

➡ 최대공약수 $2 \times 2 = 4$

(6, 20) ➡)

➡ 최대공약수 _____

(8, 18) ➡)

➡ 최대공약수 _____

(24, 8) ➡)

➡ 최대공약수 _____

(10, 16) ➡)

➡ 최대공약수 _____

(12, 30) ➡)

➡ 최대공약수 _____

두 수의 최대공약수를 구하세요.

(18, 30) ➡)＿＿＿＿＿＿ ➡ 최대공약수 ＿＿＿＿＿＿

(40, 45) ➡)＿＿＿＿＿＿ ➡ 최대공약수 ＿＿＿＿＿＿

(22, 44) ➡)＿＿＿＿＿＿ ➡ 최대공약수 ＿＿＿＿＿＿

(16, 36) ➡)＿＿＿＿＿＿ ➡ 최대공약수 ＿＿＿＿＿＿

(12, 54) ➡)＿＿＿＿＿＿ ➡ 최대공약수 ＿＿＿＿＿＿

(18, 63) ➡)＿＿＿＿＿＿ ➡ 최대공약수 ＿＿＿＿＿＿

분수를 약분하세요.

$\dfrac{6}{24} = \dfrac{\boxed{}}{12} = \dfrac{\boxed{}}{8} = \dfrac{\boxed{}}{4}$

$\dfrac{10}{25} = \dfrac{\boxed{}}{5}$

$\dfrac{12}{30} = \dfrac{6}{\boxed{}} = \dfrac{4}{\boxed{}} = \dfrac{2}{\boxed{}}$

$\dfrac{14}{21} = \dfrac{\boxed{}}{3}$

$\dfrac{14}{18} = \dfrac{7}{\boxed{}}$

$\dfrac{6}{54} = \dfrac{\boxed{}}{27} = \dfrac{\boxed{}}{18} = \dfrac{\boxed{}}{9}$

$\dfrac{15}{51} = \dfrac{5}{\boxed{}}$

$\dfrac{4}{16} = \dfrac{\boxed{}}{8} = \dfrac{\boxed{}}{4}$

$\dfrac{6}{12} = \dfrac{\boxed{}}{6} = \dfrac{\boxed{}}{4} = \dfrac{\boxed{}}{2}$

$\dfrac{6}{26} = \dfrac{3}{\boxed{}}$

$\dfrac{14}{28} = \dfrac{7}{\boxed{}} = \dfrac{2}{\boxed{}} = \dfrac{1}{\boxed{}}$

$\dfrac{22}{44} = \dfrac{\boxed{}}{22} = \dfrac{\boxed{}}{4} = \dfrac{\boxed{}}{2}$

$\dfrac{12}{40} = \dfrac{6}{\boxed{}} = \dfrac{3}{\boxed{}}$

$\dfrac{6}{72} = \dfrac{\boxed{}}{36} = \dfrac{\boxed{}}{24} = \dfrac{\boxed{}}{12}$

분수를 약분하세요.

$\dfrac{7}{49} = \dfrac{1}{\boxed{}}$

$\dfrac{8}{16} = \dfrac{4}{\boxed{}} = \dfrac{2}{\boxed{}} = \dfrac{1}{\boxed{}}$

$\dfrac{9}{18} = \dfrac{\boxed{}}{6} = \dfrac{\boxed{}}{2}$

$\dfrac{45}{63} = \dfrac{\boxed{}}{21} = \dfrac{\boxed{}}{7}$

$\dfrac{6}{27} = \dfrac{2}{\boxed{}}$

$\dfrac{19}{57} = \dfrac{\boxed{}}{3}$

$\dfrac{16}{28} = \dfrac{\boxed{}}{14} = \dfrac{\boxed{}}{7}$

$\dfrac{4}{56} = \dfrac{\boxed{}}{28} = \dfrac{\boxed{}}{14}$

$\dfrac{24}{28} = \dfrac{12}{\boxed{}} = \dfrac{6}{\boxed{}}$

$\dfrac{8}{26} = \dfrac{4}{\boxed{}}$

$\dfrac{8}{32} = \dfrac{4}{\boxed{}} = \dfrac{2}{\boxed{}} = \dfrac{1}{\boxed{}}$

$\dfrac{5}{65} = \dfrac{1}{\boxed{}}$

$\dfrac{12}{20} = \dfrac{\boxed{}}{10} = \dfrac{\boxed{}}{5}$

$\dfrac{24}{56} = \dfrac{\boxed{}}{28} = \dfrac{\boxed{}}{14} = \dfrac{\boxed{}}{7}$

분수를 기약분수로 나타내세요.

$\dfrac{6}{15} = \dfrac{\square}{\square}$

$\dfrac{15}{18} = \dfrac{\square}{\square}$

$\dfrac{18}{27} = \dfrac{\square}{\square}$

$\dfrac{9}{42} = \dfrac{\square}{\square}$

$\dfrac{9}{63} = \dfrac{\square}{\square}$

$\dfrac{21}{35} = \dfrac{\square}{\square}$

$\dfrac{32}{48} = \dfrac{\square}{\square}$

$\dfrac{5}{35} = \dfrac{\square}{\square}$

$\dfrac{12}{32} = \dfrac{\square}{\square}$

$\dfrac{8}{36} = \dfrac{\square}{\square}$

$\dfrac{3}{54} = \dfrac{\square}{\square}$

$\dfrac{14}{21} = \dfrac{\square}{\square}$

$\dfrac{10}{25} = \dfrac{\square}{\square}$

$\dfrac{34}{82} = \dfrac{\square}{\square}$

분수를 기약분수로 나타내세요.

$\dfrac{8}{22} = \dfrac{\boxed{}}{\boxed{}}$

$\dfrac{8}{42} = \dfrac{\boxed{}}{\boxed{}}$

$\dfrac{14}{49} = \dfrac{\boxed{}}{\boxed{}}$

$\dfrac{8}{32} = \dfrac{\boxed{}}{\boxed{}}$

$\dfrac{6}{52} = \dfrac{\boxed{}}{\boxed{}}$

$\dfrac{21}{30} = \dfrac{\boxed{}}{\boxed{}}$

$\dfrac{26}{78} = \dfrac{\boxed{}}{\boxed{}}$

$\dfrac{4}{26} = \dfrac{\boxed{}}{\boxed{}}$

$\dfrac{6}{16} = \dfrac{\boxed{}}{\boxed{}}$

$\dfrac{4}{28} = \dfrac{\boxed{}}{\boxed{}}$

$\dfrac{2}{48} = \dfrac{\boxed{}}{\boxed{}}$

$\dfrac{13}{78} = \dfrac{\boxed{}}{\boxed{}}$

$\dfrac{28}{54} = \dfrac{\boxed{}}{\boxed{}}$

$\dfrac{42}{75} = \dfrac{\boxed{}}{\boxed{}}$

배수와 최소공배수

두 수의 최소공배수를 구하세요.

(12, 18) ➡ 12 = ②× (2 × 3)

18 = (2 × 3) × ③

➡ 최소공배수 2×3×2×3 = 36

(6, 15) ➡

➡ 최소공배수

(15, 18) ➡

➡ 최소공배수

(9, 15) ➡

➡ 최소공배수

(25, 35) ➡

➡ 최소공배수

(26, 39) ➡

➡ 최소공배수

(27, 45) ➡

➡ 최소공배수

두 수의 최소공배수를 구하세요.

(3, 9) ➡   ➡ 최소공배수 _____

(7, 35) ➡   ➡ 최소공배수 _____

(18, 27) ➡   ➡ 최소공배수 _____

(15, 30) ➡   ➡ 최소공배수 _____

(9, 36) ➡   ➡ 최소공배수 _____

(30, 18) ➡   ➡ 최소공배수 _____

(22, 44) ➡   ➡ 최소공배수 _____

두 수의 최소공배수를 구하세요.

(4, 20) ➡

2	4	20
2	2	10
	1	5

➡ 최소공배수 $2 \times 2 \times 1 \times 5 = 20$

(8, 22) ➡ ⟩ _____

➡ 최소공배수 _____

(30, 39) ➡ ⟩ _____

➡ 최소공배수 _____

(15, 75) ➡ ⟩ _____

➡ 최소공배수 _____

(18, 81) ➡ ⟩ _____

➡ 최소공배수 _____

(24, 32) ➡ ⟩ _____

➡ 최소공배수 _____

두 수의 최소공배수를 구하세요.

(10, 14) ➡️ ⟍ _____ ➡️ 최소공배수 _____

(12, 18) ➡️ ⟍ _____ ➡️ 최소공배수 _____

(14, 21) ➡️ ⟍ _____ ➡️ 최소공배수 _____

(18, 27) ➡️ ⟍ _____ ➡️ 최소공배수 _____

(24, 56) ➡️ ⟍ _____ ➡️ 최소공배수 _____

(32, 72) ➡️ ⟍ _____ ➡️ 최소공배수 _____

분모의 곱을 공통분모로 하여 두 분수를 통분하세요.

$\left(\dfrac{1}{2}, \dfrac{2}{7} \right)$ ➡ (,   )

$\left(1\dfrac{1}{3}, 2\dfrac{4}{7} \right)$ ➡ (,   )

$\left(\dfrac{4}{5}, \dfrac{1}{6} \right)$ ➡ (,   )

$\left(2\dfrac{2}{3}, 3\dfrac{5}{8} \right)$ ➡ (,   )

$\left(\dfrac{1}{8}, \dfrac{5}{6} \right)$ ➡ (,   )

$\left(3\dfrac{5}{7}, 2\dfrac{2}{9} \right)$ ➡ (,   )

$\left(\dfrac{5}{7}, \dfrac{3}{11} \right)$ ➡ (,   )

$\left(4\dfrac{1}{9}, 1\dfrac{4}{5} \right)$ ➡ (,   )

$\left(\dfrac{4}{5}, \dfrac{5}{12} \right)$ ➡ (,   )

$\left(1\dfrac{7}{9}, 5\dfrac{1}{8} \right)$ ➡ (,   )

$\left(\dfrac{5}{6}, \dfrac{4}{9} \right)$ ➡ (,   )

$\left(3\dfrac{3}{8}, 3\dfrac{1}{12} \right)$ ➡ (,   )

$\left(\dfrac{5}{8}, \dfrac{4}{5} \right)$ ➡ (,   )

$\left(2\dfrac{3}{5}, 4\dfrac{1}{10} \right)$ ➡ (,   )

분모의 곱을 공통분모로 하여 두 분수를 통분하세요.

$(\dfrac{5}{8}, \dfrac{3}{4})$ ➡ (,   )

$(3\dfrac{3}{4}, 3\dfrac{3}{10})$ ➡ (,   )

$(\dfrac{1}{6}, \dfrac{2}{5})$ ➡ (,   )

$(5\dfrac{3}{5}, 1\dfrac{1}{12})$ ➡ (,   )

$(\dfrac{1}{2}, \dfrac{4}{9})$ ➡ (,   )

$(2\dfrac{5}{7}, 2\dfrac{3}{10})$ ➡ (,   )

$(\dfrac{3}{7}, \dfrac{7}{8})$ ➡ (,   )

$(3\dfrac{2}{5}, 1\dfrac{1}{9})$ ➡ (,   )

$(\dfrac{5}{9}, \dfrac{5}{6})$ ➡ (,   )

$(4\dfrac{3}{4}, 2\dfrac{2}{15})$ ➡ (,   )

$(\dfrac{2}{7}, \dfrac{5}{12})$ ➡ (,   )

$(1\dfrac{2}{3}, 4\dfrac{2}{11})$ ➡ (,   )

$(\dfrac{5}{6}, \dfrac{7}{10})$ ➡ (,   )

$(2\dfrac{1}{2}, 6\dfrac{6}{13})$ ➡ (,   )

분모의 최소공배수를 공통분모로 하여 두 분수를 통분하세요.

$(\dfrac{1}{4}, \dfrac{5}{6})$ ➡ (,   )

$(1\dfrac{3}{8}, 1\dfrac{2}{9})$ ➡ (,   )

$(\dfrac{1}{3}, \dfrac{3}{7})$ ➡ (,   )

$(1\dfrac{7}{8}, 3\dfrac{1}{10})$ ➡ (,   )

$(\dfrac{1}{4}, \dfrac{3}{8})$ ➡ (,   )

$(2\dfrac{3}{7}, 2\dfrac{9}{14})$ ➡ (,   )

$(\dfrac{4}{9}, \dfrac{2}{3})$ ➡ (,   )

$(5\dfrac{1}{2}, 1\dfrac{3}{16})$ ➡ (,   )

$(\dfrac{3}{8}, \dfrac{5}{12})$ ➡ (,   )

$(3\dfrac{2}{9}, 2\dfrac{3}{10})$ ➡ (,   )

$(\dfrac{2}{5}, \dfrac{4}{15})$ ➡ (,   )

$(4\dfrac{1}{12}, 1\dfrac{7}{16})$ ➡ (,   )

$(\dfrac{5}{7}, \dfrac{2}{3})$ ➡ (,   )

$(1\dfrac{4}{9}, 7\dfrac{4}{15})$ ➡ (,   )

분모의 최소공배수를 공통분모로 하여 두 분수를 통분하세요.

$(\dfrac{1}{5} , \dfrac{4}{15}) \Rightarrow ($, $)$ $(3\dfrac{1}{2} , 3\dfrac{3}{8}) \Rightarrow ($, $)$

$(\dfrac{3}{7} , \dfrac{1}{8}) \Rightarrow ($, $)$ $(1\dfrac{1}{6} , 2\dfrac{7}{8}) \Rightarrow ($, $)$

$(\dfrac{1}{4} , \dfrac{5}{12}) \Rightarrow ($, $)$ $(2\dfrac{5}{6} , 4\dfrac{11}{12}) \Rightarrow ($, $)$

$(\dfrac{3}{4} , \dfrac{3}{10}) \Rightarrow ($, $)$ $(3\dfrac{2}{15} , 5\dfrac{7}{18}) \Rightarrow ($, $)$

$(\dfrac{8}{9} , \dfrac{13}{18}) \Rightarrow ($, $)$ $(2\dfrac{10}{11} , 2\dfrac{3}{22}) \Rightarrow ($, $)$

$(\dfrac{1}{6} , \dfrac{14}{15}) \Rightarrow ($, $)$ $(4\dfrac{3}{4} , 2\dfrac{7}{18}) \Rightarrow ($, $)$

$(\dfrac{1}{20} , \dfrac{9}{25}) \Rightarrow ($, $)$ $(3\dfrac{3}{8} , 1\dfrac{15}{22}) \Rightarrow ($, $)$

Note

정답

1 일 차 약수

약수는 어떤 수로 나누었을 때 나머지가 0인 수, 즉 어떤 수를 나누어떨어지게 하는 수입니다. 다음과 같이 약수를 구하는 방법을 알아보고, 곱셈을 이용하여 약수를 구하세요.

8의 약수 구하기

$8 \div 1 = 8$, $8 \div 2 = 4$ $1 \times 8 = 8$, $2 \times 4 = 8$
$8 \div 4 = 2$, $8 \div 8 = 1$ $1 \times 8 = 8$
8의 약수 ➡ 1, 2, 4, 8   1, 2, 4, 8
                                  $2 \times 4 = 8$
                        8의 약수 ➡ 1, 2, 4, 8

4의 약수 ➡ $4 = \boxed{1} \times \boxed{4} = \boxed{2} \times \boxed{2}$ ➡ 1, 2, 4

6의 약수 ➡ $6 = \boxed{1} \times \boxed{6} = \boxed{2} \times \boxed{3}$ ➡ 1, 2, 3, 6

12의 약수 ➡ $12 = \boxed{1} \times \boxed{12} = \boxed{2} \times \boxed{6}$ ➡ 1, 2, 3, 4, 6, 12
$= \boxed{3} \times \boxed{4}$

TIP
위와 같이 약수는 어떤 수를 나누어떨어지게 하는 수이므로 약수를 쉽게 구하려면 곱셈과 나눗셈의 관계를 이용하여 어떤 수를 두 자연수의 곱으로 나타내면 됩니다. 이때, ■의 약수에는 1과 ■(자기 자신)이 항상 포함됩니다.

곱셈을 이용하여 약수를 구하세요.

9의 약수 ➡ $9 = \boxed{1} \times \boxed{9} = \boxed{3} \times 3$ ➡ 1, 3, 9

13의 약수 ➡ $13 = 1 \times 13$ ➡ 1, 13

14의 약수 ➡ $14 = 1 \times 14 = 2 \times 7$ ➡ 1, 2, 7, 14

20의 약수 ➡ $20 = 1 \times 20 = 2 \times 10$ ➡ 1, 2, 4, 5, 10, 20
$= 4 \times 5$

24의 약수 ➡ $24 = 1 \times 24 = 2 \times 12$ ➡ 1, 2, 3, 4, 6, 8
$= 3 \times 8 = 4 \times 6$ 12, 24

32의 약수 ➡ $32 = 1 \times 32 = 2 \times 16$ ➡ 1, 2, 4, 8, 16, 32
$= 4 \times 8$

49의 약수 ➡ $49 = 1 \times 49 = 7 \times 7$ ➡ 1, 7, 49

곱셈을 이용하여 약수를 구하세요.

16의 약수 ➡ $16 = \boxed{1} \times \boxed{16} = \boxed{2} \times \boxed{8} = \boxed{4} \times 4$ ➡ 1, 2, 4, 8, 16

22의 약수 ➡ $22 = 1 \times 22 = 2 \times 11$ ➡ 1, 2, 11, 22

25의 약수 ➡ $25 = 1 \times 25 = 5 \times 5$ ➡ 1, 5, 25

30의 약수 ➡ $30 = 1 \times 30 = 2 \times 15$ ➡ 1, 2, 3, 5, 6, 10
$= 3 \times 10 = 5 \times 6$ 15, 30

44의 약수 ➡ $44 = 1 \times 44 = 2 \times 22$ ➡ 1, 2, 4, 11, 22, 44
$= 4 \times 11$

51의 약수 ➡ $51 = 1 \times 51 = 3 \times 17$ ➡ 1, 3, 17, 51

75의 약수 ➡ $75 = 1 \times 75 = 3 \times 25$ ➡ 1, 3, 5, 15, 25, 75
$= 5 \times 15$

2 일 차 공약수와 최대공약수

공약수는 두 수 이상의 자연수들의 공통인 약수이고, **최대공약수**는 공약수 중에서 가장 큰 수입니다. 다음과 같이 각 수를 두 수의 곱셈식으로 나타내고, 공약수와 최대공약수를 구하세요.

곱셈식 이용하여 구하기

$(8, 12)$ ➡ $8 = 1 \times 8 = 2 \times 4$ ➡ 공약수 1, 2, 4
$12 = 1 \times 12 = 2 \times 6 = 3 \times 4$ ➡ 최대공약수 4

$(6, 9)$ ➡ $6 = \boxed{1} \times \boxed{6} = \boxed{2} \times \boxed{3}$ ➡ 공약수 1, 3
$9 = \boxed{1} \times \boxed{9} = \boxed{3} \times 3$ ➡ 최대공약수 3

$(7, 14)$ ➡ $7 = \boxed{1} \times \boxed{7}$ ➡ 공약수 1, 7
$14 = \boxed{1} \times \boxed{14} = \boxed{2} \times \boxed{7}$ ➡ 최대공약수 7

$(8, 20)$ ➡ $8 = \boxed{1} \times \boxed{8} = \boxed{2} \times \boxed{4}$ ➡ 공약수 1, 2, 4
$20 = \boxed{1} \times \boxed{20} = \boxed{2} \times \boxed{10}$ ➡ 최대공약수 4
$= \boxed{4} \times 5$

TIP
각 수를 두 수의 곱셈식으로 나타냈을 때, 두 수의 곱셈식에서 공통인 수가 공약수, 이 공통인 수 중에서 가장 큰 수가 최대공약수입니다.

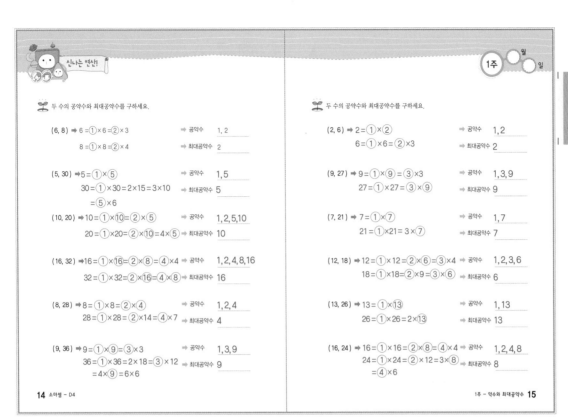

두 수의 공약수와 최대공약수를 구하세요.

(6, 8) → 6 = ①×6 = ②×3 → 공약수 1, 2
8 = ①×8 = ②×4 → 최대공약수 2

(5, 30) → 5 = ①×⑤ → 공약수 1, 5
30 = ①×30 = 2×15 = 3×10 → 최대공약수 5
= ⑤×6

(10, 20) → 10 = ①×⑩ = ②×⑤ → 공약수 1, 2, 5, 10
20 = ①×20 = ②×⑩ = 4×⑤ → 최대공약수 10

(16, 32) → 16 = ①×⑯ = ②×⑧ = ④×4 → 공약수 1, 2, 4, 8, 16
32 = ①×32 = ②×⑯ = ④×⑧ → 최대공약수 16

(8, 28) → 8 = ①×8 = ②×④ → 공약수 1, 2, 4
28 = ①×28 = ②×14 = ④×7 → 최대공약수 4

(9, 36) → 9 = ①×⑨ = ③×3 → 공약수 1, 3, 9
36 = ①×36 = 2×18 = ③×12 → 최대공약수 9
= ④×⑨ = 6×6

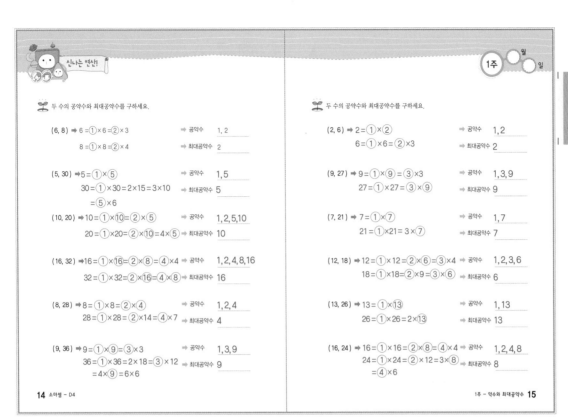

두 수의 공약수와 최대공약수를 구하세요.

(2, 6) → 2 = ①×② → 공약수 1, 2
6 = ①×6 = ②×3 → 최대공약수 2

(9, 27) → 9 = ①×⑨ = ③×3 → 공약수 1, 3, 9
27 = ①×27 = ③×⑨ → 최대공약수 9

(7, 21) → 7 = ①×⑦ → 공약수 1, 7
21 = ①×21 = 3×⑦ → 최대공약수 7

(12, 18) → 12 = ①×12 = ②×⑥ = ③×4 → 공약수 1, 2, 3, 6
18 = ①×18 = ②×9 = ③×⑥ → 최대공약수 6

(13, 26) → 13 = ①×⑬ → 공약수 1, 13
26 = ①×26 = 2×⑬ → 최대공약수 13

(16, 24) → 16 = ①×16 = ②×⑧ = ④×4 → 공약수 1, 2, 4, 8
24 = ①×24 = ②×12 = 3×⑧ → 최대공약수 8
= ④×6

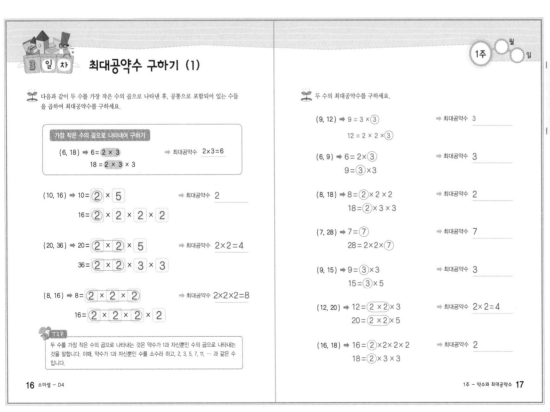

최대공약수 구하기 (1)

다음과 같이 두 수를 가장 작은 수의 곱으로 나타낸 후, 공통으로 포함되어 있는 수들을 곱하여 최대공약수를 구하세요.

가장 작은 수의 곱으로 나타내어 구하기
(6, 18) → 6 = 2 × 3 → 최대공약수 2×3=6
18 = 2 × 3 × 3

(10, 16) → 10 = ② × 5 → 최대공약수 2
16 = ② × 2 × 2 × 2

(20, 36) → 20 = ② × ② × 5 → 최대공약수 2×2=4
36 = ② × ② × 3 × 3

(8, 16) → 8 = ② × ② × ② → 최대공약수 2×2×2=8
16 = ② × ② × ② × 2

TIP
두 수를 가장 작은 수의 곱으로 나타내는 것은 약수가 1과 자신뿐인 수의 곱으로 나타내는 것을 말합니다. 이때, 약수가 1과 자신뿐인 수를 소수라 하고, 2, 3, 5, 7, 11, … 과 같은 수입니다.

두 수의 최대공약수를 구하세요.

(9, 12) → 9 = 3 × ③ → 최대공약수 3
12 = 2 × 2 × ③

(6, 9) → 6 = 2 × ③ → 최대공약수 3
9 = ③ × 3

(8, 18) → 8 = ② × 2 × 2 → 최대공약수 2
18 = ② × 3 × 3

(7, 28) → 7 = ⑦ → 최대공약수 7
28 = 2 × 2 × ⑦

(9, 15) → 9 = ③ × 3 → 최대공약수 3
15 = ③ × 5

(12, 20) → 12 = ② × ② × 3 → 최대공약수 2×2=4
20 = ② × ② × 5

(16, 18) → 16 = ② × 2 × 2 × 2 → 최대공약수 2
18 = ② × 3 × 3

1주

🌱 두 수의 최대공약수를 구하세요.

$(4, 8)$ ➡ $4 = \boxed{2 \times 2}$
$8 = \boxed{2 \times 2} \times 2$
➡ 최대공약수 $2 \times 2 = 4$

$(6, 12)$ ➡ $6 = \boxed{2 \times 3}$
$12 = 2 \times \boxed{2 \times 3}$
➡ 최대공약수 $2 \times 3 = 6$

$(7, 35)$ ➡ $7 = \boxed{7}$
$35 = 5 \times \boxed{7}$
➡ 최대공약수 7

$(9, 24)$ ➡ $9 = \boxed{3} \times 3$
$24 = 2 \times 2 \times 2 \times \boxed{3}$
➡ 최대공약수 3

$(16, 20)$ ➡ $16 = \boxed{2 \times 2} \times 2 \times 2$
$20 = \boxed{2 \times 2} \times 5$
➡ 최대공약수 $2 \times 2 = 4$

$(21, 35)$ ➡ $21 = 3 \times \boxed{7}$
$35 = 5 \times \boxed{7}$
➡ 최대공약수 7

$(24, 32)$ ➡ $24 = \boxed{2 \times 2 \times 2} \times 3$
$32 = \boxed{2 \times 2 \times 2} \times 2 \times 2$
➡ 최대공약수 $2 \times 2 \times 2 = 8$

---

4 일 차 | 최대공약수 구하기 (2)

🌱 다음과 같이 두 수의 공약수가 1뿐일 때까지 두 수의 공약수로 나눈 후 그 공약수들을 곱하여 최대공약수를 구하세요.

공약수로 나누어 구하기

$(6, 18)$ ➡
$$\begin{array}{r|cc} 2 & 6 & 18 \\ 3 & 3 & 9 \\ \hline & 1 & 3 \end{array}$$
➡ 최대공약수 $2 \times 3 = 6$

$(8, 12)$ ➡
$$\begin{array}{r|cc} 2 & 8 & 12 \\ 2 & 4 & 6 \\ \hline & 2 & 3 \end{array}$$
➡ 최대공약수 $2 \times 2 = 4$

$(7, 21)$ ➡
$$\begin{array}{r|cc} 7 & 7 & 21 \\ \hline & 1 & 3 \end{array}$$
➡ 최대공약수 7

$(8, 16)$ ➡
$$\begin{array}{r|cc} 2 & 8 & 16 \\ 2 & 4 & 8 \\ 2 & 2 & 4 \\ \hline & 1 & 2 \end{array}$$
➡ 최대공약수 $2 \times 2 \times 2 = 8$

TIP
두 수를 1 이외의 공약수가 없을 때까지 두 수의 공약수로 계속 거꾸로 된 나눗셈을 합니다.
세로로 있는 공약수를 모두 곱한 수가 최대공약수가 됩니다.

신나는 연산!

🌱 두 수의 최대공약수를 구하세요.

$(6, 12)$ ➡
$$\begin{array}{r|cc} 2 & 6 & 12 \\ 3 & 3 & 6 \\ \hline & 1 & 2 \end{array}$$
➡ 최대공약수 $2 \times 3 = 6$

$(6, 14)$ ➡
$$\begin{array}{r|cc} 2 & 6 & 14 \\ \hline & 3 & 7 \end{array}$$
➡ 최대공약수 2

$(7, 35)$ ➡
$$\begin{array}{r|cc} 7 & 7 & 35 \\ \hline & 1 & 5 \end{array}$$
➡ 최대공약수 7

$(9, 39)$ ➡
$$\begin{array}{r|cc} 3 & 9 & 39 \\ \hline & 3 & 13 \end{array}$$
➡ 최대공약수 3

$(9, 72)$ ➡
$$\begin{array}{r|cc} 3 & 9 & 72 \\ 3 & 3 & 24 \\ \hline & 1 & 8 \end{array}$$
➡ 최대공약수 $3 \times 3 = 9$

$(24, 36)$ ➡
$$\begin{array}{r|cc} 3 & 24 & 36 \\ 2 & 8 & 12 \\ 2 & 4 & 6 \\ \hline & 2 & 3 \end{array}$$
➡ 최대공약수 $3 \times 2 \times 2 = 12$

1주

🌱 두 수의 최대공약수를 구하세요.

$(7, 21)$ ➡
$$\begin{array}{r|cc} 7 & 7 & 21 \\ \hline & 1 & 3 \end{array}$$
➡ 최대공약수 7

$(8, 28)$ ➡
$$\begin{array}{r|cc} 2 & 8 & 28 \\ 2 & 4 & 14 \\ \hline & 2 & 7 \end{array}$$
➡ 최대공약수 $2 \times 2 = 4$

$(9, 45)$ ➡
$$\begin{array}{r|cc} 3 & 9 & 45 \\ 3 & 3 & 15 \\ \hline & 1 & 5 \end{array}$$
➡ 최대공약수 $3 \times 3 = 9$

$(9, 27)$ ➡
$$\begin{array}{r|cc} 3 & 9 & 27 \\ 3 & 3 & 9 \\ \hline & 1 & 3 \end{array}$$
➡ 최대공약수 $3 \times 3 = 9$

$(10, 24)$ ➡
$$\begin{array}{r|cc} 2 & 10 & 24 \\ \hline & 5 & 12 \end{array}$$
➡ 최대공약수 2

$(12, 32)$ ➡
$$\begin{array}{r|cc} 2 & 12 & 32 \\ 2 & 6 & 16 \\ \hline & 3 & 8 \end{array}$$
➡ 최대공약수 $2 \times 2 = 4$

---

5 일 차 문장제

🌱 다음을 읽고 알맞은 풀이과정을 쓰고, 답을 구하세요.

20과 30을 어떤 수로 나누면 나누어떨어집니다. 어떤 수가 될 수 있는 수 중에서 가장 큰 수는 무엇일까요?

풀이 20과 30을 동시에 나누어떨어지게 하는 가장 큰 수는 20과 30의 최대공약수인 10입니다.

```
2 ) 20  30
5 ) 10  15
     2   3   최대공약수 : 2×5=10
```

10

31과 25를 어떤 수로 나누면 나머지가 모두 1입니다. 어떤 수가 될 수 있는 수 중에서 가장 큰 수는 무엇일까요?

풀이 31과 25를 어떤 수로 나누면 나머지가 모두 1이므로 31-1 = 30과 25-1 = 24는 어떤 수로 나누어 떨어집니다. 즉 어떤 수가 될 수 있는 가장 큰 수는 30과 24의 최대공약수입니다.

```
2 ) 30  24
3 ) 15  12
     5   4   최대공약수 : 2×3=6
```

6

🌱 다음을 읽고 알맞은 풀이과정을 쓰고, 답을 구하세요.

색연필 21자루와 스케치북 33권을 학생들에게 남김없이 똑같이 나누어 주려고 합니다. 최대 몇 명까지 나누어 줄 수 있을까요?

풀이 '남김없이 똑같이 나누어 주려고'는 공약수를 의미하고, '최대 몇 명까지 줄 수 있는가'는 최대공약수를 의미합니다. 따라서 21과 33의 최대공약수를 구하면 됩니다.

```
3 ) 21  33
     7  11   최대공약수 : 3
```

3 명

사탕 30개와 초콜렛 45개를 학생들에게 남김없이 똑같이 나누어 주려고 합니다. 최대 몇 명까지 나누어 줄 수 있을까요?

풀이 '똑같이 나누어 주려고'는 공약수를 의미하고, '최대'는 최대공약수를 의미하므로, 30과 45의 최대공약수를 구하면 됩니다.

```
3 ) 30  45
5 ) 10  15
     2   3   최대공약수 : 3×5=15
```

15 명

🌱 다음을 읽고 알맞은 풀이과정을 쓰고, 답을 구하세요.

길이가 63cm와 27cm인 두 개의 끈이 있습니다. 두 개의 끈을 될 수 있는 대로 길게 남김없이 똑같은 길이로 자르려고 합니다. 잘린 끈 한 개의 길이는 얼마일까요?

풀이
```
9 ) 63  27
     7   3   최대공약수 : 9
```

9 cm

가로가 18cm, 세로가 48cm인 직사각형 모양의 종이를 크기가 같은 정사각형 모양으로 남는 부분 없이 자르려고 합니다. 가장 큰 정사각형으로 자르면 한 변의 길이는 얼마일까요?

풀이 가장 큰 정사각형의 한 변은 직사각형 모양 종이의 가로와 세로의 최대공약수입니다.

```
2 ) 18  48
3 )  9  24
     3   8   최대공약수 : 2×3=6
```

6 cm

🌱 다음을 읽고 알맞은 풀이과정을 쓰고, 답을 구하세요.

가로가 100cm, 세로가 40cm인 직사각형 모양의 게시판을 크기가 같은 정사각형 모양으로 남는 부분 없이 자르려고 합니다. 가장 큰 정사각형으로 자르면 한 변의 길이는 얼마일까요?

풀이 가장 큰 정사각형의 한 변은 직사각형 모양 게시판의 가로와 세로의 최대공약수입니다.

```
2 ) 100  40
2 )  50  20
5 )  25  10
      5   2   최대공약수 : 2×2×5=20
```

20 cm

크기가 같은 정사각형 모양의 종이를 붙여 가로 28cm, 세로 42cm의 직사각형 모양을 만들려고 합니다. 종이를 가능한 적게 사용할 때, 종이의 한 변의 길이는 얼마일까요?

풀이
```
7 ) 28  42
2 )  4   6
      2   3   최대공약수 : 7×2=14
```

14 cm

1일차   크기가 같은 분수

🌱 분모와 분자를 그들의 공약수로 나누는 것을 **약분**한다고 합니다. 다음과 같이 약수, 공약수를 이용하여 크기가 같은 분수를 만드는 방법을 알아보세요.

$\frac{4}{8}$ 와 크기가 같은 분수

4의 약수 ➡ 1, 2, 4
8의 약수 ➡ 1, 2, 4, 8
4와 8의 공약수 ➡ 1, 2, 4

크기가 같은 분수

➡ $\frac{4}{8} = \frac{4 \div 2}{8 \div 2} = \frac{2}{4}$, $\frac{4}{8} = \frac{4 \div 4}{8 \div 4} = \frac{1}{2}$

➡ $\frac{4}{8} = \frac{2}{4} = \frac{1}{2}$

$\frac{4}{8}$ $\frac{2}{4}$ $\frac{1}{2}$

TIP
약분은 분모와 분자를 같은 수로 나누어 크기가 같고 분모가 작은 분수를 만드는 것입니다.
즉, 분수를 좀 더 간단한 분수로 나타내어 분수의 계산과정을 간편하게 하는 것입니다.

🌱 약수, 공약수를 구한 후 크기가 같은 분수를 모두 구하세요.

$\frac{2}{6}$ ➡ 2의 약수 : 1, 2
6의 약수 : 1, 2, 3, 6
2와 6의 공약수 : 1, 2   ➡ $\frac{2}{6} = \frac{2 \div 2}{6 \div 2} = \frac{1}{3}$

$\frac{6}{12}$ ➡ 6의 약수 : 1, 2, 3, 6
12의 약수 : 1, 2, 3, 4, 6, 12
6과 12의 공약수 : 1, 2, 3, 6   ➡ $\frac{6}{12} = \frac{3}{6} = \frac{2}{4} = \frac{1}{2}$

$\frac{15}{20}$ ➡ 15의 약수 : 1, 3, 5, 15
20의 약수 : 1, 2, 4, 5, 10, 20
15와 20의 공약수 : 1, 5   ➡ $\frac{15}{20} = \frac{3}{4}$

$\frac{4}{24}$ ➡ 4의 약수 : 1, 2, 4
24의 약수 : 1, 2, 3, 4, 6, 8, 12, 24
4와 24의 공약수 : 1, 2, 4   ➡ $\frac{4}{24} = \frac{2}{12} = \frac{1}{6}$

$\frac{14}{28}$ ➡ 14의 약수 : 1, 2, 7, 14
28의 약수 : 1, 2, 4, 7, 14, 28
14와 28의 공약수 : 1, 2, 7, 14   ➡ $\frac{14}{28} = \frac{7}{14} = \frac{2}{4} = \frac{1}{2}$

🌱 약수, 공약수를 구한 후 크기가 같은 분수를 모두 구하세요.

$\frac{6}{9}$ ➡ 6의 약수 : 1, 2, 3, 6
9의 약수 : 1, 3, 9
6과 9의 공약수 : 1, 3   ➡ $\frac{6}{9} = \frac{2}{3}$

$\frac{5}{10}$ ➡ 5의 약수 : 1, 5
10의 약수 : 1, 2, 5, 10
5와 10의 공약수 : 1, 5   ➡ $\frac{5}{10} = \frac{1}{2}$

$\frac{8}{16}$ ➡ 8의 약수 : 1, 2, 4, 8
16의 약수 : 1, 2, 4, 8, 16
8과 16의 공약수 : 1, 2, 4, 8   ➡ $\frac{8}{16} = \frac{4}{8} = \frac{2}{4} = \frac{1}{2}$

$\frac{6}{18}$ ➡ 6의 약수 : 1, 2, 3, 6
18의 약수 : 1, 2, 3, 6, 9, 18
6과 18의 공약수 : 1, 2, 3, 6   ➡ $\frac{6}{18} = \frac{3}{9} = \frac{2}{6} = \frac{1}{3}$

$\frac{12}{32}$ ➡ 12의 약수 : 1, 2, 3, 4, 6, 12
32의 약수 : 1, 2, 4, 8, 16, 32
12와 32의 공약수 : 1, 2, 4   ➡ $\frac{12}{32} = \frac{6}{16} = \frac{3}{8}$

2일차   약분하기 (1)

🌱 다음과 같이 분수를 공약수로 나누어 약분하세요.

공약수로 나누어 약분하기

20과 24의 공약수 : 1, 2, 4
$\frac{20}{24} = \frac{10}{12} = \frac{5}{6}$
(÷2, ÷4 윗줄 / ÷2, ÷4 아랫줄)

9와 18의 공약수 : 1, 3, 9
$\frac{9}{18} = \frac{3}{6} = \frac{1}{2}$
(÷3, ÷9 윗줄 / ÷3, ÷9 아랫줄)

$\frac{4}{8} = \frac{2}{4} = \frac{1}{2}$

$\frac{3}{15} = \frac{1}{5}$

$\frac{6}{10} = \frac{3}{5}$

$\frac{6}{18} = \frac{3}{9} = \frac{2}{6} = \frac{1}{3}$

$\frac{8}{12} = \frac{4}{6} = \frac{2}{3}$

$\frac{4}{36} = \frac{2}{18} = \frac{1}{9}$

$\frac{20}{24} = \frac{10}{12} = \frac{5}{6}$

$\frac{9}{72} = \frac{3}{24} = \frac{1}{8}$

TIP
분모와 분자를 같은 공약수로 나누어 약분하면 서로 같은 분수를 찾을 수 있습니다. 이때 주어진 분자 또는 분모가 되도록 공약수 중 알맞은 수를 찾아 나누도록 합니다.

약분하기 (2)

분수를 약분하세요.

$\dfrac{3}{6} = \dfrac{1}{2}$　　$\dfrac{12}{15} = \dfrac{4}{5}$

$\dfrac{6}{12} = \dfrac{3}{6} = \dfrac{2}{4} = \dfrac{1}{2}$　　$\dfrac{6}{18} = \dfrac{3}{9} = \dfrac{2}{6} = \dfrac{1}{3}$

$\dfrac{6}{36} = \dfrac{3}{18} = \dfrac{2}{12} = \dfrac{1}{6}$　　$\dfrac{21}{28} = \dfrac{3}{4}$

$\dfrac{4}{24} = \dfrac{2}{12} = \dfrac{1}{6}$　　$\dfrac{9}{36} = \dfrac{3}{12} = \dfrac{1}{4}$

$\dfrac{6}{54} = \dfrac{3}{27} = \dfrac{2}{18} = \dfrac{1}{9}$　　$\dfrac{6}{45} = \dfrac{2}{15}$

$\dfrac{8}{28} = \dfrac{4}{14} = \dfrac{2}{7}$　　$\dfrac{7}{56} = \dfrac{1}{8}$

$\dfrac{11}{44} = \dfrac{1}{4}$　　$\dfrac{32}{40} = \dfrac{16}{20} = \dfrac{8}{10} = \dfrac{4}{5}$

분수를 약분하세요.

$\dfrac{4}{12} = \dfrac{2}{6} = \dfrac{1}{3}$　　$\dfrac{12}{16} = \dfrac{6}{8} = \dfrac{3}{4}$

$\dfrac{16}{20} = \dfrac{8}{10} = \dfrac{4}{5}$　　$\dfrac{6}{20} = \dfrac{3}{10}$

$\dfrac{3}{21} = \dfrac{1}{7}$　　$\dfrac{27}{36} = \dfrac{9}{12} = \dfrac{3}{4}$

$\dfrac{9}{54} = \dfrac{3}{18} = \dfrac{1}{6}$　　$\dfrac{6}{38} = \dfrac{3}{19}$

$\dfrac{12}{40} = \dfrac{6}{20} = \dfrac{3}{10}$　　$\dfrac{6}{46} = \dfrac{3}{23}$

$\dfrac{12}{44} = \dfrac{6}{22} = \dfrac{3}{11}$　　$\dfrac{30}{36} = \dfrac{15}{18} = \dfrac{10}{12} = \dfrac{5}{6}$

$\dfrac{8}{48} = \dfrac{4}{24} = \dfrac{2}{12} = \dfrac{1}{6}$　　$\dfrac{50}{65} = \dfrac{10}{13}$

분수를 약분하세요.

$\dfrac{6}{12} = \dfrac{3}{6} = \dfrac{2}{4} = \dfrac{1}{2}$　　$\dfrac{10}{14} = \dfrac{5}{7}$

$\dfrac{4}{16} = \dfrac{2}{8} = \dfrac{1}{4}$　　$\dfrac{12}{18} = \dfrac{6}{9} = \dfrac{4}{6} = \dfrac{2}{3}$

$\dfrac{15}{20} = \dfrac{3}{4}$　　$\dfrac{8}{20} = \dfrac{4}{10} = \dfrac{2}{5}$

$\dfrac{9}{36} = \dfrac{3}{12} = \dfrac{1}{4}$　　$\dfrac{12}{32} = \dfrac{6}{16} = \dfrac{3}{8}$

$\dfrac{14}{42} = \dfrac{7}{21} = \dfrac{2}{6} = \dfrac{1}{3}$　　$\dfrac{14}{35} = \dfrac{2}{5}$

$\dfrac{7}{49} = \dfrac{1}{7}$　　$\dfrac{36}{46} = \dfrac{18}{23}$

$\dfrac{9}{54} = \dfrac{3}{18} = \dfrac{1}{6}$　　$\dfrac{54}{81} = \dfrac{18}{27} = \dfrac{6}{9} = \dfrac{2}{3}$

기약분수로 나타내기 (1)

분모와 분자의 두 수의 공약수가 1 밖에 없는 분수를 **기약분수**라고 합니다. 다음과 같이 최대공약수로 약분하여 기약분수를 구하세요.

> **최대공약수로 나누어 약분하기**
> 12와 16의 최대공약수 : 4
> $\dfrac{12}{16} = \dfrac{3}{4}$　⇒　$\dfrac{12}{16} = \dfrac{3}{4}$

$\dfrac{8}{20} = \dfrac{2}{5}$　　$\dfrac{12}{36} = \dfrac{1}{3}$

8과 20의 최대공약수 : 4　　12와 36의 최대공약수 : 12

$\begin{array}{r} 2\,\underline{)\,8\ \ 20\,} \\ 2\,\underline{)\,4\ \ 10\,} \\ 2\ \ \ 5 \end{array}$　$\begin{array}{r} 2\,\underline{)\,12\ \ 36\,} \\ 2\,\underline{)\,6\ \ 18\,} \\ 3\,\underline{)\,3\ \ 9\,} \\ 1\ \ \ 3 \end{array}$

> **TIP**
> 기약분수는 분모와 분자의 공약수가 1뿐이어서 더는 약분할 수 없는 가장 간단한 분수입니다. 앞서 분수를 공약수로 나누어 약분하여 크기가 같은 분수로 나타내었을 때, 가장 작은 수로 나타낸 분수가 기약분수입니다.
> 기약분수로 나타낼 때 공약수로 약분하면 여러 번 약분해야 하지만 최대공약수로 약분하면 한번에 구할 수 있습니다.

신나는 연산!

2주 □ 일 □ 일

🌱 분수를 기약분수로 나타내세요.

$\frac{10}{15} = \frac{2}{3}$　⑤) 10　15

$\frac{4}{12} = \frac{1}{3}$

$\frac{4}{14} = \frac{2}{7}$

$\frac{16}{24} = \frac{2}{3}$

$\frac{20}{35} = \frac{4}{7}$

$\frac{9}{24} = \frac{3}{8}$

$\frac{27}{36} = \frac{3}{4}$

$\frac{15}{18} = \frac{5}{6}$　3) 15　18

$\frac{16}{20} = \frac{4}{5}$

$\frac{9}{18} = \frac{1}{2}$

$\frac{12}{21} = \frac{4}{7}$

$\frac{2}{26} = \frac{1}{13}$

$\frac{6}{33} = \frac{2}{11}$

$\frac{7}{49} = \frac{1}{7}$

🌱 분수를 기약분수로 나타내세요.

$\frac{3}{12} = \frac{1}{4}$

$\frac{10}{20} = \frac{1}{2}$

$\frac{6}{24} = \frac{1}{4}$

$\frac{7}{49} = \frac{1}{7}$

$\frac{9}{42} = \frac{3}{14}$

$\frac{17}{34} = \frac{1}{2}$

$\frac{18}{33} = \frac{6}{11}$

$\frac{6}{34} = \frac{3}{17}$

$\frac{9}{27} = \frac{1}{3}$

$\frac{4}{36} = \frac{1}{9}$

$\frac{6}{38} = \frac{3}{19}$

$\frac{24}{40} = \frac{3}{5}$

$\frac{15}{45} = \frac{1}{3}$

$\frac{36}{45} = \frac{4}{5}$

5 일차 기약분수로 나타내기 (2)

2주 □ 일 □ 일

🌱 분수를 기약분수로 나타내세요.

$\frac{6}{18} = \frac{1}{3}$

$\frac{8}{12} = \frac{2}{3}$

$\frac{30}{40} = \frac{3}{4}$

$\frac{18}{45} = \frac{2}{5}$

$\frac{12}{16} = \frac{3}{4}$

$\frac{14}{22} = \frac{7}{11}$

$\frac{2}{20} = \frac{1}{10}$

$\frac{12}{24} = \frac{1}{2}$

$\frac{12}{36} = \frac{1}{3}$

$\frac{13}{39} = \frac{1}{3}$

$\frac{21}{28} = \frac{3}{4}$

$\frac{15}{27} = \frac{5}{9}$

🌱 분수를 기약분수로 나타내세요.

$\frac{8}{28} = \frac{2}{7}$

$\frac{6}{48} = \frac{1}{8}$

$\frac{10}{24} = \frac{5}{12}$

$\frac{9}{45} = \frac{1}{5}$

$\frac{6}{54} = \frac{1}{9}$

$\frac{8}{32} = \frac{1}{4}$

$\frac{19}{38} = \frac{1}{2}$

$\frac{24}{48} = \frac{1}{2}$

$\frac{9}{36} = \frac{1}{4}$

$\frac{8}{60} = \frac{2}{15}$

$\frac{12}{60} = \frac{1}{5}$

$\frac{24}{44} = \frac{6}{11}$

$\frac{14}{49} = \frac{2}{7}$

$\frac{27}{63} = \frac{3}{7}$

TIP
기약분수인지를 쉽게 판단하는 방법은 ① 분모와 분자가 모두 소수이거나 ② 분자가 1이거나 ③ 분모, 분자 두 수의 공약수가 1 밖에 없으면 기약분수입니다.

1 일 차 배수

P 42 ~ 43

🌱 **배수**는 어떤 수의 몇 배가 되는 수입니다. 다음과 같이 어떤 수를 1배, 2배, 3배, … 하여 배수를 구하세요.

> **5의 배수 구하기**
>
> $5 \times 1 = 5$, $5 \times 2 = 10$, $5 \times 3 = 15$, $5 \times 4 = 20$, $5 \times 5 = 25$ …
> 5의 배수 ➡ 5, 10, 15, 20, 25, …

9의 배수 ➡ 9 , 18 , 27 , 36 , 45 , 54 …
2배 3배 4배 5배 6배

11의 배수 ➡ 11 , 22 , 33 , 44 , 55 , 66 …

24의 배수 ➡ 24 , 48 , 72 , 96 , 120 , 144 …

31의 배수 ➡ 31 , 62 , 93 , 124 , 155 , 186 …

> **TIP**
> 어떤 수의 배수 중에서 가장 작은 수는 어떤 수 자신이고, 어떤 수의 배수는 무수히 많으므로 가장 큰 배수는 구할 수 없습니다.

42 소마셈 – D4

3주

🌱 배수를 가장 작은 수부터 차례대로 6개 써보세요.

2의 배수 ➡ 2, 4, 6, 8, 10, 12, …

6의 배수 ➡ 6, 12, 18, 24, 30, 36, …

13의 배수 ➡ 13, 26, 39, 52, 65, 78, …

14의 배수 ➡ 14, 28, 42, 56, 70, 84, …

20의 배수 ➡ 20, 40, 60, 80, 100, 120, …

23의 배수 ➡ 23, 46, 69, 92, 115, 138, …

32의 배수 ➡ 32, 64, 96, 128, 160, 192, …

3주 – 배수와 최소공배수 **43**

3주

🌱 배수를 가장 작은 수부터 차례대로 6개 써보세요.

P 44 ~ 45

3의 배수 ➡ 3, 6, 9, 12, 15, 18, …

8의 배수 ➡ 8, 16, 24, 32, 40, 48, …

10의 배수 ➡ 10, 20, 30, 40, 50, 60, …

16의 배수 ➡ 16, 32, 48, 64, 80, 96, …

24의 배수 ➡ 24, 48, 72, 96, 120, 144, …

30의 배수 ➡ 30, 60, 90, 120, 150, 180, …

37의 배수 ➡ 37, 74, 111, 148, 185, 222, …

44 소마셈 – D4

---

2 일 차 공배수와 최소공배수

🌱 **공배수**는 두 수 이상의 자연수들의 공통인 배수이고, **최소공배수**는 공배수 중에서 가장 작은 수입니다. 다음과 같이 각 수의 배수를 이용하여 공배수와 최소공배수를 구하세요.

> **배수 이용하여 구하기**
>
> $(4, 6)$ ➡ $4 = 4, 8, 12, 16, 20, 24, 28, 32, 36, …$ ➡ 공배수 12, 24, 36
> $6 = 6, 12, 18, 24, 30, 36, …$ ➡ 최소공배수 12

$(8, 2)$ ➡ $8 = 8 , 16 , 24 …$ ➡ 공배수 8, 16, 24
$2 = 2 , 4 , 6 , 8 , 10 , 12 , 14 , 16 , 18 , 20 , 22 , 24$ ➡ 최소공배수 8

$(6, 12)$ ➡ $6 = 6 , 12 , 18 , 24 , 30 , 36 …$ ➡ 공배수 12, 24, 36
$12 = 12 , 24 , 36 …$ ➡ 최소공배수 12

$(16, 24)$ ➡ $16 = 16 , 32 , 48 , 64 , 80 , 96 , 112 , 128 , 144 …$ ➡ 공배수 48, 96, 144
$24 = 24 , 48 , 72 , 96 , 120 , 144 …$ ➡ 최소공배수 48

3주 – 배수와 최소공배수 **45**

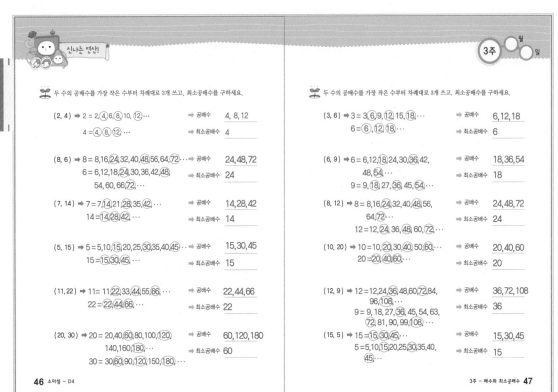

신나는 연산!

P 46 ~ 47

두 수의 공배수를 가장 작은 수부터 차례대로 3개 쓰고, 최소공배수를 구하세요.

(2, 4) ➡ 2 = 2, 4, 6, 8, 10, 12 ⋯ ➡ 공배수 4, 8, 12
4 = 4, 8, 12 ⋯ ➡ 최소공배수 4

(8, 6) ➡ 8 = 8,16,24,32,40,48,56,64,72 ⋯ ➡ 공배수 24,48,72
6 = 6,12,18,24,30,36,42,48, 54,60,66,72 ⋯ ➡ 최소공배수 24

(7, 14) ➡ 7 = 7,14,21,28,35,42 ⋯ ➡ 공배수 14,28,42
14 = 14,28,42 ⋯ ➡ 최소공배수 14

(5, 15) ➡ 5 = 5,10,15,20,25,30,35,40,45 ⋯ ➡ 공배수 15,30,45
15 = 15,30,45 ⋯ ➡ 최소공배수 15

(11,22) ➡ 11= 11,22,33,44,55,66 ⋯ ➡ 공배수 22,44,66
22 = 22,44,66 ⋯ ➡ 최소공배수 22

(20, 30) ➡ 20 = 20,40,60,80,100,120 140,160,180 ⋯ ➡ 공배수 60,120,180
30 = 30,60,90,120,150,180 ⋯ ➡ 최소공배수 60

두 수의 공배수를 가장 작은 수부터 차례대로 3개 쓰고, 최소공배수를 구하세요.

(3, 6) ➡ 3 = 3,6,9,12,15,18 ⋯ ➡ 공배수 6,12,18
6 = 6,12,18 ⋯ ➡ 최소공배수 6

(6, 9) ➡ 6 = 6,12,18,24,30,36,42, 48,54 ⋯ ➡ 공배수 18,36,54
9 = 9,18,27,36,45,54 ⋯ ➡ 최소공배수 18

(8, 12) ➡ 8 = 8,16,24,32,40,48,56, 64,72 ⋯ ➡ 공배수 24,48,72
12 = 12,24,36,48,60,72 ⋯ ➡ 최소공배수 24

(10, 20) ➡ 10 = 10,20,30,40,50,60 ⋯ ➡ 공배수 20,40,60
20 = 20,40,60 ⋯ ➡ 최소공배수 20

(12, 9) ➡ 12 = 12,24,36,48,60,72,84, 96,108 ⋯ ➡ 공배수 36,72,108
9 = 9, 18, 27,36, 45, 54, 63, 72, 81, 90, 99,108 ⋯ ➡ 최소공배수 36

(15, 5) ➡ 15 = 15,30,45 ⋯ ➡ 공배수 15,30,45
5 = 5,10,15,20,25,30,35,40, 45 ⋯ ➡ 최소공배수 15

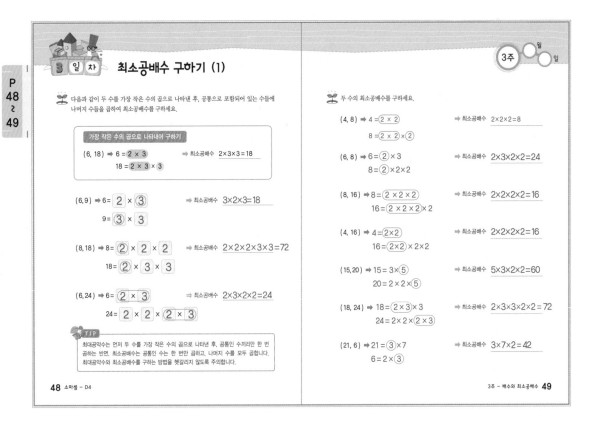

P 48 ~ 49

3 일 차 최소공배수 구하기 (1)

다음과 같이 두 수를 가장 작은 수의 곱으로 나타낸 후, 공통으로 포함되어 있는 수들에 나머지 수들을 곱하여 최소공배수를 구하세요.

가장 작은 수의 곱으로 나타내어 구하기

(6, 18) ➡ 6 = 2 × 3 ➡ 최소공배수 2×3×3 = 18
18 = 2 × 3 × 3

(6,9) ➡ 6 = 2 × 3 ➡ 최소공배수 3×2×3=18
9 = 3 × 3

(8,18) ➡ 8 = 2 × 2 × 2 ➡ 최소공배수 2×2×2×3×3=72
18 = 2 × 3 × 3

(6,24) ➡ 6 = 2 × 3 ➡ 최소공배수 2×3×2×2=24
24 = 2 × 2 × 2 × 3

TIP
최대공약수는 먼저 두 수를 가장 작은 수의 곱으로 나타낸 후, 공통인 수끼리만 한 번 곱하는 반면, 최소공배수는 공통인 수는 한 번만 곱하고, 나머지 수를 모두 곱합니다. 최대공약수와 최소공배수를 구하는 방법을 헷갈리지 않도록 주의합니다.

두 수의 최소공배수를 구하세요.

(4, 8) ➡ 4 = 2 × 2 ➡ 최소공배수 2×2×2=8
8 = 2 × 2 × 2

(6, 8) ➡ 6 = 2 × 3 ➡ 최소공배수 2×3×2×2=24
8 = 2 × 2 × 2

(8, 16) ➡ 8 = 2 × 2 × 2 ➡ 최소공배수 2×2×2×2=16
16 = 2 × 2 × 2 × 2

(4, 16) ➡ 4 = 2 × 2 ➡ 최소공배수 2×2×2×2=16
16 = 2 × 2 × 2 × 2

(15, 20) ➡ 15 = 3 × 5 ➡ 최소공배수 5×3×2×2=60
20 = 2 × 2 × 5

(18, 24) ➡ 18 = 2 × 3 × 3 ➡ 최소공배수 2×3×3×2×2 = 72
24 = 2 × 2 × 2 × 3

(21, 6) ➡ 21 = 3 × 7 ➡ 최소공배수 3×7×2 = 42
6 = 2 × 3

최소공배수 구하기 (2)

두 수의 최소공배수를 구하세요.

(2, 10) ➡ 2=②
　　　　10=②×5
➡ 최소공배수 2×5=10

(8, 12) ➡ 8=(2×2)×2
　　　　12=(2×2)×3
➡ 최소공배수 2×2×2×3=24

(14, 18) ➡ 14=②×7
　　　　18=②×3×3
➡ 최소공배수 2×7×3×3=126

(15, 12) ➡ 15=③×5
　　　　12=2×2×③
➡ 최소공배수 3×5×2×2=60

(24, 8) ➡ 24=(2×2×2)×3
　　　　8=(2×2×2)
➡ 최소공배수 2×2×2×3=24

(27, 9) ➡ 27=(3×3)×3
　　　　9=(3×3)
➡ 최소공배수 3×3×3=27

(36, 63) ➡ 36=2×2×(3×3)
　　　　63=(3×3)×7
➡ 최소공배수 3×3×2×2×7=252

다음과 같이 두 수의 공약수가 1뿐일 때까지 두 수의 공약수로 나눈 후 그 공약수들과 나머지 수들을 모두 곱하여 최소공배수를 구하세요.

공약수로 나누어 구하기

(6, 18) ➡ 2) 6　18
　　　　 3) 3　9
　　　　　　1　3
➡ 최소공배수 2×3×1×3=18

(4, 16) ➡ 2) 4　16
　　　　 2) 2　8
　　　　　　1　4
➡ 최소공배수 2×2×1×4=16

(9, 33) ➡ 3) 9　33
　　　　　　3　11
➡ 최소공배수 3×3×11=99

(12, 36) ➡ 2) 12　36
　　　　　 2) 6　18
　　　　　 3) 3　9
　　　　　　　1　3
➡ 최소공배수 2×2×3×1×3=36

TIP
두 수를 1 이외의 공약수가 없을 때까지 두 수의 공약수로 계속 거꾸로 된 나눗셈을 합니다.
세로에 있는 공약수에 가로에 있는 나머지 수들까지 모두 곱한 수가 최소공배수가 됩니다.

두 수의 최소공배수를 구하세요.

(6, 12) ➡ 2) 6　12
　　　　 3) 3　6
　　　　　　1　2
➡ 최소공배수 2×3×1×2=12

(6, 10) ➡ 2) 6　10
　　　　　　3　5
➡ 최소공배수 2×3×5=30

(12, 9) ➡ 3) 12　9
　　　　　　4　3
➡ 최소공배수 3×4×3=36

(18, 42) ➡ 2) 18　42
　　　　　 3) 9　21
　　　　　　　3　7
➡ 최소공배수 2×3×3×7=126

(11, 44) ➡ 11) 11　44
　　　　　　　1　4
➡ 최소공배수 11×1×4=44

(12, 60) ➡ 2) 12　60
　　　　　 2) 6　30
　　　　　 3) 3　15
　　　　　　　1　5
➡ 최소공배수 2×2×3×1×5=60

두 수의 최소공배수를 구하세요.

(5, 20) ➡ 5) 5　20
　　　　　　1　4
➡ 최소공배수 5×1×4=20

(8, 20) ➡ 2) 8　20
　　　　　 2) 4　10
　　　　　　　2　5
➡ 최소공배수 2×2×2×5=40

(15, 30) ➡ 3) 15　30
　　　　　 5) 5　10
　　　　　　　1　2
➡ 최소공배수 3×5×1×2=30

(16, 72) ➡ 2) 16　72
　　　　　 2) 8　36
　　　　　 2) 4　18
　　　　　　　2　9
➡ 최소공배수 2×2×2×2×9=144

(18, 30) ➡ 2) 18　30
　　　　　 3) 9　15
　　　　　　　3　5
➡ 최소공배수 2×3×3×5=90

(27, 54) ➡ 3) 27　54
　　　　　 3) 9　18
　　　　　 3) 3　6
　　　　　　　1　2
➡ 최소공배수 3×3×3×1×2=54

5 일차 문장제

P 54 ~ 55

다음을 읽고 알맞은 풀이과정을 쓰고, 답을 구하세요.

어떤 수는 10과 8 어느 것으로 나누어도 나누어떨어집니다. 어떤 수가 될 수 있는 수 중에서 가장 작은 수는 무엇일까요?

풀이 10으로도 나누어지고, 8로도 나누어지는 가장 작은 수이므로 구하는 수는 10과 8의 최소공배수입니다.

2) 10 8
　　 5 4　　최소공배수 : 2×5×4=40

40

어떤 수는 16과 12 어느 것으로 나누어도 나누어떨어집니다. 어떤 수가 될 수 있는 수 중에서 가장 작은 수는 무엇일까요?

풀이 2) 16 12
　　 2) 8　 6
　　　 4　 3　　최소공배수 : 2×2×4×3=48

48

54 소마셈 - D4

다음을 읽고 알맞은 풀이과정을 쓰고, 답을 구하세요.

가로가 15cm, 세로가 12cm인 직사각형 모양의 타일을 겹치지 않게 붙여서 가장 작은 정사각형 모양을 만들려고 합니다. 이 정사각형 모양의 한 변의 길이는 얼마일까요?

풀이 가장 작은 정사각형의 한 변은 직사각형 모양 타일의 가로와 세로의 최소공배수입니다.

3) 15 12
　　 5 4　　최소공배수 : 3×5×4=60

60 cm

가로가 8cm, 세로가 18cm인 직사각형 모양의 종이를 겹치지 않게 붙여서 가장 작은 정사각형 모양을 만들려고 합니다. 이 정사각형 모양의 한 변의 길이는 얼마일까요?

풀이 가장 작은 정사각형의 한 변은 직사각형 모양 종이의 가로와 세로의 최소공배수입니다.

2) 8 18
　　 4 9　　최소공배수 : 2×4×9=72

72 cm

3주 – 배수와 최소공배수 **55**

신나는 연산!

P 56 ~ 57

다음을 읽고 알맞은 풀이과정을 쓰고, 답을 구하세요.

어느 역에서 대구행 기차는 25분마다, 부산행 기차는 10분마다 출발합니다. 두 기차는 몇 분마다 동시에 출발할까요?

풀이 두 기차가 동시에 출발한다고 했으므로 두 수의 최소공배수를 구하면 됩니다.

5) 25 10
　　 5 2　　최소공배수 : 5×5×2=50

50 분

어느 정류장의 일반 버스는 8분마다, 광역 버스는 12분마다 출발합니다. 오전 7시에 두 버스가 동시에 출발했을 때, 두 버스가 그 다음에 동시에 출발하는 시각은 7시 몇 분일까요?

풀이 2) 8　 12
　　 2) 4　 6
　　　 2　 3　　최소공배수 : 2×2×2×3=24

8과 12의 최소공배수는 24이므로 두 버스는 24분마다 동시에 출발합니다. 즉 두 버스가 7시 이후 동시에 출발하는 시각은 7시 24분입니다.

24 분

56 소마셈 - D4

다음을 읽고 알맞은 풀이과정을 쓰고, 답을 구하세요.

어느 정류장의 A 버스는 10분마다, B 버스는 6분마다 출발합니다. 8시 15분에 이 정류장에서 두 버스가 동시에 출발했을 때, 다음 번에 두 버스가 동시에 출발하는 시각은 몇 분 후일까요?

풀이 2) 10 6
　　 5 3　　최소공배수 : 2×5×3=30

10과 6의 최소공배수는 30이므로, 두 버스는 30분마다 동시에 출발합니다. 즉 두 버스가 8시 15분 이후에 동시에 출발하는 시각은 30분 후입니다.

30 분

선호와 지훈이가 어떤 연못을 한 바퀴 도는 데 걸리는 시간은 각각 30분, 24분입니다. 연못 둘레의 한 지점에서 동시에 같은 방향으로 출발했을 때, 두 사람이 처음으로 다시 만나게 되는 것은 몇 분 후일까요?

풀이 2) 30 24
　　 3) 15 12
　　　 5 4　　최소공배수 : 2×3×5×4=120

120 분

3주 – 배수와 최소공배수 **57**

1일차 통분하기 (1)

 4주

P 60 ~ 61

분수의 분모를 같게 하는 것을 **통분**한다고 합니다. 다음과 같이 분모의 곱을 공통분모로 하여 통분하는 방법을 알아보세요.

> **분모의 곱을 공통분모로 하여 통분하기**
>
> $(\frac{1}{4}, \frac{3}{5}) \Rightarrow (\frac{1\times5}{4\times5}, \frac{3\times4}{5\times4}) \Rightarrow (\frac{5}{20}, \frac{12}{20})$

$(\frac{2}{3}, \frac{4}{7}) \Rightarrow (\frac{2\times\boxed{7}}{3\times\boxed{7}}, \frac{4\times\boxed{3}}{7\times\boxed{3}}) \Rightarrow (\frac{\boxed{14}}{21}, \frac{\boxed{12}}{21})$

$(\frac{1}{6}, \frac{2}{9}) \Rightarrow (\frac{1\times\boxed{9}}{6\times\boxed{9}}, \frac{2\times\boxed{6}}{9\times\boxed{6}}) \Rightarrow (\frac{\boxed{9}}{54}, \frac{\boxed{12}}{54})$

$(1\frac{1}{2}, 2\frac{3}{5}) \Rightarrow (1\frac{1\times\boxed{5}}{2\times\boxed{5}}, 2\frac{3\times\boxed{2}}{5\times\boxed{2}}) \Rightarrow (1\frac{\boxed{5}}{10}, 2\frac{\boxed{6}}{10})$

TIP

통분은 분모가 다른 분수를 더하거나 뺄 때 두 분수의 분모를 같게 만드는 과정입니다. 통분을 하는 방법은 여러 가지가 있는데, 위와 같이 두 분모의 곱을 공통분모로 하는 통분에서는 분모끼리 서로 곱하고, 두 분자에 각각 다른 분모를 곱합니다. 이 방법은 두 분모의 공약수가 1 밖에 없는 경우에 사용하면 편리합니다.

분모의 곱을 공통분모로 하여 두 분수를 통분하세요.

$(\frac{2}{3}, \frac{1}{2}) \Rightarrow (\frac{4}{6}, \frac{3}{6})$

$(\frac{2}{3}, \frac{3}{4}) \Rightarrow (\frac{8}{12}, \frac{9}{12})$

$(\frac{5}{6}, \frac{3}{7}) \Rightarrow (\frac{35}{42}, \frac{18}{42})$

$(\frac{3}{5}, \frac{1}{6}) \Rightarrow (\frac{18}{30}, \frac{5}{30})$

$(\frac{1}{3}, \frac{2}{7}) \Rightarrow (\frac{7}{21}, \frac{6}{21})$

$(\frac{3}{8}, \frac{5}{9}) \Rightarrow (\frac{27}{72}, \frac{40}{72})$

$(\frac{5}{7}, \frac{2}{9}) \Rightarrow (\frac{45}{63}, \frac{14}{63})$

$(1\frac{1}{4}, 1\frac{3}{5}) \Rightarrow (1\frac{5}{20}, 1\frac{12}{20})$

$(2\frac{2}{5}, 1\frac{1}{6}) \Rightarrow (2\frac{12}{30}, 1\frac{5}{30})$

$(1\frac{3}{8}, 2\frac{2}{3}) \Rightarrow (1\frac{9}{24}, 2\frac{16}{24})$

$(2\frac{1}{2}, 3\frac{4}{5}) \Rightarrow (2\frac{5}{10}, 3\frac{8}{10})$

$(2\frac{3}{4}, 4\frac{3}{5}) \Rightarrow (2\frac{15}{20}, 4\frac{12}{20})$

$(3\frac{7}{18}, 3\frac{1}{2}) \Rightarrow (3\frac{14}{18}, 3\frac{9}{18})$

$(5\frac{1}{2}, 2\frac{3}{10}) \Rightarrow (5\frac{10}{20}, 2\frac{6}{20})$

 4주

2일차 통분하기 (2)

P 62 ~ 63

분모의 곱을 공통분모로 하여 두 분수를 통분하세요.

$(\frac{1}{3}, \frac{3}{4}) \Rightarrow (\frac{4}{12}, \frac{9}{12})$

$(2\frac{3}{4}, 4\frac{1}{5}) \Rightarrow (2\frac{15}{20}, 4\frac{4}{20})$

$(\frac{3}{5}, \frac{2}{3}) \Rightarrow (\frac{9}{15}, \frac{10}{15})$

$(3\frac{2}{3}, 3\frac{6}{7}) \Rightarrow (3\frac{14}{21}, 3\frac{18}{21})$

$(\frac{1}{7}, \frac{3}{4}) \Rightarrow (\frac{4}{28}, \frac{21}{28})$

$(3\frac{3}{7}, 2\frac{1}{3}) \Rightarrow (3\frac{9}{21}, 2\frac{7}{21})$

$(\frac{2}{3}, \frac{1}{4}) \Rightarrow (\frac{8}{12}, \frac{3}{12})$

$(4\frac{3}{8}, 3\frac{3}{4}) \Rightarrow (4\frac{12}{32}, 3\frac{24}{32})$

$(\frac{1}{2}, \frac{2}{7}) \Rightarrow (\frac{7}{14}, \frac{4}{14})$

$(1\frac{1}{2}, 5\frac{6}{7}) \Rightarrow (1\frac{7}{14}, 5\frac{12}{14})$

$(\frac{3}{7}, \frac{4}{5}) \Rightarrow (\frac{15}{35}, \frac{28}{35})$

$(2\frac{4}{9}, 4\frac{2}{4}) \Rightarrow (2\frac{16}{36}, 4\frac{18}{36})$

$(\frac{2}{7}, \frac{5}{8}) \Rightarrow (\frac{16}{56}, \frac{35}{56})$

$(3\frac{7}{10}, 3\frac{1}{3}) \Rightarrow (3\frac{21}{30}, 3\frac{10}{30})$

분모의 곱을 공통분모로 하여 두 분수를 통분하세요.

$(\frac{1}{2}, \frac{3}{5}) \Rightarrow (\frac{5}{10}, \frac{6}{10})$

$(1\frac{4}{5}, 2\frac{3}{4}) \Rightarrow (1\frac{16}{20}, 2\frac{15}{20})$

$(\frac{1}{3}, \frac{4}{7}) \Rightarrow (\frac{7}{21}, \frac{12}{21})$

$(4\frac{1}{2}, 3\frac{7}{8}) \Rightarrow (4\frac{8}{16}, 3\frac{14}{16})$

$(\frac{4}{5}, \frac{1}{7}) \Rightarrow (\frac{28}{35}, \frac{5}{35})$

$(2\frac{1}{3}, 2\frac{4}{5}) \Rightarrow (2\frac{5}{15}, 2\frac{12}{15})$

$(\frac{5}{7}, \frac{1}{8}) \Rightarrow (\frac{40}{56}, \frac{7}{56})$

$(3\frac{1}{2}, 3\frac{8}{9}) \Rightarrow (3\frac{9}{18}, 3\frac{16}{18})$

$(\frac{3}{4}, \frac{3}{5}) \Rightarrow (\frac{15}{20}, \frac{12}{20})$

$(1\frac{5}{6}, 6\frac{2}{7}) \Rightarrow (1\frac{35}{42}, 6\frac{12}{42})$

$(\frac{2}{5}, \frac{7}{8}) \Rightarrow (\frac{16}{40}, \frac{35}{40})$

$(4\frac{1}{6}, 3\frac{4}{11}) \Rightarrow (4\frac{11}{66}, 3\frac{24}{66})$

$(\frac{1}{10}, \frac{5}{9}) \Rightarrow (\frac{9}{90}, \frac{50}{90})$

$(2\frac{3}{5}, 5\frac{7}{12}) \Rightarrow (2\frac{36}{60}, 5\frac{35}{60})$

64 페이지 (P 64 ~ 65)

분모의 곱을 공통분모로 하여 두 분수를 통분하세요.

$(\frac{2}{4}, \frac{2}{3}) \Rightarrow (\frac{6}{12}, \frac{8}{12})$ $(4\frac{3}{5}, 2\frac{3}{8}) \Rightarrow (4\frac{24}{40}, 2\frac{15}{40})$

$(\frac{2}{5}, \frac{2}{6}) \Rightarrow (\frac{12}{30}, \frac{10}{30})$ $(1\frac{1}{2}, 4\frac{6}{7}) \Rightarrow (1\frac{7}{14}, 4\frac{12}{14})$

$(\frac{1}{6}, \frac{3}{8}) \Rightarrow (\frac{8}{48}, \frac{18}{48})$ $(2\frac{1}{4}, 2\frac{4}{9}) \Rightarrow (2\frac{9}{36}, 2\frac{16}{36})$

$(\frac{2}{5}, \frac{3}{7}) \Rightarrow (\frac{14}{35}, \frac{15}{35})$ $(3\frac{2}{3}, 1\frac{5}{8}) \Rightarrow (3\frac{16}{24}, 1\frac{15}{24})$

$(\frac{7}{8}, \frac{1}{3}) \Rightarrow (\frac{21}{24}, \frac{8}{24})$ $(5\frac{8}{9}, 2\frac{1}{3}) \Rightarrow (5\frac{24}{27}, 2\frac{9}{27})$

$(\frac{1}{4}, \frac{2}{9}) \Rightarrow (\frac{9}{36}, \frac{8}{36})$ $(3\frac{1}{3}, 3\frac{7}{12}) \Rightarrow (3\frac{12}{36}, 3\frac{21}{36})$

$(\frac{1}{8}, \frac{6}{7}) \Rightarrow (\frac{7}{56}, \frac{48}{56})$ $(4\frac{5}{13}, 2\frac{2}{3}) \Rightarrow (4\frac{15}{39}, 2\frac{26}{39})$

64 소마셈 – D4

3 일차 통분하기 (3)

다음과 같이 두 분모의 최소공배수를 공통분모로 하여 통분하는 방법을 알아보세요.

> **분모의 최소공배수를 공통분모로 하여 통분하기**
>
> 4와 6의 최소공배수 : 12
>
> $(\frac{3}{4}, \frac{1}{6}) \Rightarrow (\frac{3\times3}{4\times3}, \frac{1\times2}{6\times2}) \Rightarrow (\frac{9}{12}, \frac{2}{12})$

$(\frac{1}{6}, \frac{3}{8}) \Rightarrow (\frac{1\times\boxed{4}}{6\times\boxed{4}}, \frac{3\times\boxed{3}}{8\times\boxed{3}}) \Rightarrow (\frac{\boxed{4}}{\boxed{24}}, \frac{\boxed{9}}{\boxed{24}})$

6과 8의 최소공배수 : 24

$(1\frac{1}{4}, 2\frac{7}{10}) \Rightarrow (1\frac{1\times\boxed{5}}{4\times\boxed{5}}, 2\frac{7\times\boxed{2}}{10\times\boxed{2}}) \Rightarrow (1\frac{\boxed{5}}{20}, 2\frac{\boxed{14}}{20})$

4와 10의 최소공배수 : 20

TIP
두 분모의 최소공배수를 공통분모로 하는 통분에서는 통분한 분모가 두 분모의 최소공배수
가 되도록 각각의 분모에 알맞은 어떤 수를 곱하고, 분자에도 같은 수를 곱합니다.

4주 – 통분 65

66 페이지 (P 66 ~ 67)

분모의 최소공배수를 공통분모로 하여 두 분수를 통분하세요.

$(\frac{1}{4}, \frac{1}{6}) \Rightarrow (\frac{3}{12}, \frac{2}{12})$ $(1\frac{2}{3}, 2\frac{2}{5}) \Rightarrow (1\frac{10}{15}, 2\frac{6}{15})$

$(\frac{1}{2}, \frac{5}{7}) \Rightarrow (\frac{7}{14}, \frac{10}{14})$ $(2\frac{2}{3}, 3\frac{5}{6}) \Rightarrow (2\frac{4}{6}, 3\frac{5}{6})$

$(\frac{1}{2}, \frac{7}{8}) \Rightarrow (\frac{4}{8}, \frac{7}{8})$ $(2\frac{3}{4}, 2\frac{5}{6}) \Rightarrow (2\frac{9}{12}, 2\frac{10}{12})$

$(\frac{5}{6}, \frac{1}{2}) \Rightarrow (\frac{5}{6}, \frac{3}{6})$ $(4\frac{6}{7}, 1\frac{1}{4}) \Rightarrow (4\frac{24}{28}, 1\frac{7}{28})$

$(\frac{5}{6}, \frac{3}{10}) \Rightarrow (\frac{25}{30}, \frac{9}{30})$ $(3\frac{3}{4}, 3\frac{3}{8}) \Rightarrow (3\frac{6}{8}, 3\frac{3}{8})$

TIP
앞에서 배운 두 분모의 곱을 공통분모로 하여 통분하면 최소공배수를 구하지 않아도 되지만
분모의 곱이 크면 계산이 복잡해지고, 위와 같이 분모의 최소공배수를 공통분모로 하여 통분
하면 분모의 곱이 작아 계산은 편리하지만 최소공배수를 구하는 과정이 필요합니다. 따라서
상황에 따라 더 편리한 통분 방법을 선택하여 이용할 수 있도록 두 가지 방법을 모두 연습
할 수 있도록 합니다.

66 소마셈 – D4

67 페이지

분모의 최소공배수를 공통분모로 하여 두 분수를 통분하세요.

$(\frac{1}{2}, \frac{1}{8}) \Rightarrow (\frac{4}{8}, \frac{1}{8})$ $(1\frac{1}{3}, 2\frac{5}{9}) \Rightarrow (1\frac{3}{9}, 2\frac{5}{9})$

$(\frac{3}{4}, \frac{5}{6}) \Rightarrow (\frac{9}{12}, \frac{10}{12})$ $(2\frac{5}{6}, 4\frac{7}{15}) \Rightarrow (2\frac{25}{30}, 4\frac{14}{30})$

$(\frac{1}{6}, \frac{7}{9}) \Rightarrow (\frac{3}{18}, \frac{14}{18})$ $(1\frac{3}{4}, 1\frac{3}{10}) \Rightarrow (1\frac{15}{20}, 1\frac{6}{20})$

$(\frac{4}{9}, \frac{5}{6}) \Rightarrow (\frac{8}{18}, \frac{15}{18})$ $(3\frac{5}{8}, 3\frac{3}{4}) \Rightarrow (3\frac{5}{8}, 3\frac{6}{8})$

$(\frac{5}{8}, \frac{7}{12}) \Rightarrow (\frac{15}{24}, \frac{14}{24})$ $(3\frac{1}{5}, 6\frac{5}{12}) \Rightarrow (3\frac{12}{60}, 6\frac{25}{60})$

$(\frac{8}{9}, \frac{11}{18}) \Rightarrow (\frac{16}{18}, \frac{11}{18})$ $(4\frac{1}{6}, 1\frac{7}{18}) \Rightarrow (4\frac{3}{18}, 1\frac{7}{18})$

$(\frac{1}{12}, \frac{4}{15}) \Rightarrow (\frac{5}{60}, \frac{16}{60})$ $(3\frac{7}{12}, 4\frac{5}{18}) \Rightarrow (3\frac{21}{36}, 4\frac{10}{36})$

4주 – 통분 67

4 일 차 통분하기 (4)

🌱 분모의 최소공배수를 공통분모로 하여 두 분수를 통분하세요.

($\frac{1}{3}$, $\frac{2}{5}$) ➡ ($\frac{5}{15}$, $\frac{6}{15}$)　　($3\frac{5}{6}$, $2\frac{5}{8}$) ➡ ($3\frac{20}{24}$, $2\frac{15}{24}$)

($\frac{1}{6}$, $\frac{4}{9}$) ➡ ($\frac{3}{18}$, $\frac{8}{18}$)　　($1\frac{3}{8}$, $3\frac{1}{2}$) ➡ ($1\frac{3}{8}$, $3\frac{4}{8}$)

($\frac{7}{8}$, $\frac{9}{10}$) ➡ ($\frac{35}{40}$, $\frac{36}{40}$)　　($2\frac{8}{9}$, $4\frac{4}{5}$) ➡ ($2\frac{40}{45}$, $4\frac{36}{45}$)

($\frac{3}{5}$, $\frac{7}{12}$) ➡ ($\frac{36}{60}$, $\frac{35}{60}$)　　($6\frac{2}{5}$, $1\frac{7}{15}$) ➡ ($6\frac{6}{15}$, $1\frac{7}{15}$)

($\frac{1}{6}$, $\frac{9}{14}$) ➡ ($\frac{7}{42}$, $\frac{27}{42}$)　　($2\frac{5}{6}$, $5\frac{11}{12}$) ➡ ($2\frac{10}{12}$, $5\frac{11}{12}$)

($\frac{7}{9}$, $\frac{13}{18}$) ➡ ($\frac{14}{18}$, $\frac{13}{18}$)　　($1\frac{3}{4}$, $4\frac{7}{18}$) ➡ ($1\frac{27}{36}$, $4\frac{14}{36}$)

($\frac{1}{14}$, $\frac{7}{28}$) ➡ ($\frac{2}{28}$, $\frac{7}{28}$)　　($3\frac{2}{15}$, $3\frac{1}{18}$) ➡ ($3\frac{12}{90}$, $3\frac{5}{90}$)

🌱 분모의 최소공배수를 공통분모로 하여 두 분수를 통분하세요.

($\frac{1}{4}$, $\frac{5}{6}$) ➡ ($\frac{3}{12}$, $\frac{10}{12}$)　　($5\frac{7}{8}$, $1\frac{1}{6}$) ➡ ($5\frac{21}{24}$, $1\frac{4}{24}$)

($\frac{2}{15}$, $\frac{1}{6}$) ➡ ($\frac{4}{30}$, $\frac{5}{30}$)　　($2\frac{2}{9}$, $2\frac{5}{12}$) ➡ ($2\frac{8}{36}$, $2\frac{15}{36}$)

($\frac{3}{4}$, $\frac{7}{10}$) ➡ ($\frac{15}{20}$, $\frac{14}{20}$)　　($1\frac{9}{10}$, $4\frac{2}{15}$) ➡ ($1\frac{27}{30}$, $4\frac{4}{30}$)

($\frac{1}{4}$, $\frac{3}{10}$) ➡ ($\frac{5}{20}$, $\frac{6}{20}$)　　($3\frac{1}{12}$, $6\frac{4}{21}$) ➡ ($3\frac{7}{84}$, $6\frac{16}{84}$)

($\frac{5}{8}$, $\frac{3}{10}$) ➡ ($\frac{25}{40}$, $\frac{12}{40}$)　　($4\frac{1}{10}$, $2\frac{5}{12}$) ➡ ($4\frac{6}{60}$, $2\frac{25}{60}$)

($\frac{3}{4}$, $\frac{5}{18}$) ➡ ($\frac{27}{36}$, $\frac{10}{36}$)　　($7\frac{3}{8}$, $1\frac{7}{12}$) ➡ ($7\frac{9}{24}$, $1\frac{14}{24}$)

($\frac{2}{15}$, $\frac{5}{21}$) ➡ ($\frac{14}{105}$, $\frac{25}{105}$)　　($2\frac{3}{16}$, $5\frac{11}{24}$) ➡ ($2\frac{9}{48}$, $5\frac{22}{48}$)

5 일 차 두 분수의 크기 비교

🌱 두 분수의 크기를 비교하여 ○ 안에 >, =, <를 알맞게 써넣으세요.

$\frac{2}{3}$ < $\frac{5}{6}$　　$2\frac{2}{3}$ > $1\frac{1}{8}$

$\frac{2}{3}=\frac{4}{6}$

$\frac{4}{5}$ > $\frac{4}{7}$　　$2\frac{4}{7}$ > $2\frac{2}{5}$

$\frac{2}{9}$ < $\frac{5}{12}$　　$3\frac{1}{10}$ < $3\frac{5}{12}$

$\frac{9}{10}$ > $\frac{2}{15}$　　$2\frac{5}{7}$ > $1\frac{2}{21}$

$\frac{14}{15}$ > $\frac{19}{21}$　　$2\frac{1}{20}$ < $2\frac{1}{14}$

TIP 분수를 통분한 후 분자의 크기를 비교합니다.

🌱 두 분수의 크기를 비교하여 ○ 안에 >, =, <를 알맞게 써넣으세요.

$\frac{1}{8}$ < $\frac{5}{6}$　　$1\frac{4}{5}$ > $1\frac{3}{4}$

$\frac{5}{6}$ > $\frac{2}{9}$　　$3\frac{1}{2}$ < $3\frac{5}{8}$

$\frac{6}{12}$ > $\frac{1}{15}$　　$1\frac{3}{8}$ < $1\frac{7}{12}$

$\frac{5}{30}$ = $\frac{3}{18}$　　$2\frac{3}{8}$ < $2\frac{5}{7}$

$\frac{4}{15}$ < $\frac{11}{20}$　　$3\frac{3}{10}$ > $3\frac{2}{9}$

$\frac{15}{16}$ > $\frac{9}{10}$　　$2\frac{8}{13}$ > $1\frac{7}{12}$

1주차 drill   약수와 최대공약수

P
74
~
75

두 수의 최대공약수를 구하세요.

(4, 12) ➡ 4 = ⓶ × ⓶   ➡ 최대공약수 2×2=4
        12 = ⓶ × ⓶ × 3

(6, 8) ➡ 6 = ②×3   ➡ 최대공약수 2
       8 = ②×2×2

(9, 15) ➡ 9 = ③×3   ➡ 최대공약수 3
        15 = ③×5

(8, 16) ➡ 8 = ⓶×2×2   ➡ 최대공약수 2×2×2=8
        16 = ⓶×2×2×2

(6, 20) ➡ 6 = ②×3   ➡ 최대공약수 2
        20 = ②×2×5

(8, 18) ➡ 8 = ②×2×2   ➡ 최대공약수 2
        18 = ②×3×3

(25, 50) ➡ 25 = ⑤×⑤   ➡ 최대공약수 5×5=25
         50 = 2×⑤×⑤

두 수의 최대공약수를 구하세요.

(3, 12) ➡ 3 = ③   ➡ 최대공약수 3
        12 = 2×2×③

(2, 14) ➡ 2 = ②   ➡ 최대공약수 2
        14 = ②×7

(14, 16) ➡ 14 = ②×7   ➡ 최대공약수 2
         16 = ②×2×2×2

(27, 45) ➡ 27 = ③×③×3   ➡ 최대공약수 3×3=9
         45 = ③×③×5

(15, 30) ➡ 15 = ③×⑤   ➡ 최대공약수 3×5=15
         30 = 2×③×⑤

(18, 45) ➡ 18 = 2×③×③   ➡ 최대공약수 3×3=9
         45 = ③×③×5

(12, 27) ➡ 12 = 2×2×③   ➡ 최대공약수 3
         27 = ③×3×3

1주차 drill

P
76
~
77

두 수의 최대공약수를 구하세요.

(8, 12) ➡ 2) 8 12   ➡ 최대공약수 2×2=4
        2) 4   6
           2   3

(6, 20) ➡ 2) 6 20   ➡ 최대공약수 2
           3 10

(8, 18) ➡ 2) 8 18   ➡ 최대공약수 2
           4   9

(24, 8) ➡ 2) 24 8   ➡ 최대공약수 2×2×2=8
        2) 12 4
        2) 6 2
            3 1

(10, 16) ➡ 2) 10 16   ➡ 최대공약수 2
            5   8

(12, 30) ➡ 3) 12 30   ➡ 최대공약수 3×2=6
         2) 4 10
             2   5

두 수의 최대공약수를 구하세요.

(18, 30) ➡ 3) 18 30   ➡ 최대공약수 3×2=6
         2) 6 10
             3   5

(40, 45) ➡ 5) 40 45   ➡ 최대공약수 5
             8   9

(22, 44) ➡ 2) 22 44   ➡ 최대공약수 2×11=??
         11) 11 22
              1   2

(16, 36) ➡ 2) 16 36   ➡ 최대공약수 2×2=4
         2) 8 18
             4   9

(12, 54) ➡ 3) 12 54   ➡ 최대공약수 3×2=6
         2) 4 18
             2   9

(18, 63) ➡ 3) 18 63   ➡ 최대공약수 3×3=9
         3) 6 21
             2   7

2주차 (drill) 약분

분수를 약분하세요.

$\frac{6}{24} = \frac{3}{12} = \frac{2}{8} = \frac{1}{4}$

$\frac{10}{25} = \frac{2}{5}$

$\frac{12}{30} = \frac{6}{15} = \frac{4}{10} = \frac{2}{5}$

$\frac{14}{21} = \frac{2}{3}$

$\frac{14}{18} = \frac{7}{9}$

$\frac{6}{54} = \frac{3}{27} = \frac{2}{18} = \frac{1}{9}$

$\frac{15}{51} = \frac{5}{17}$

$\frac{4}{16} = \frac{2}{8} = \frac{1}{4}$

$\frac{6}{12} = \frac{3}{6} = \frac{2}{4} = \frac{1}{2}$

$\frac{6}{26} = \frac{3}{13}$

$\frac{14}{28} = \frac{7}{14} = \frac{2}{4} = \frac{1}{2}$

$\frac{22}{44} = \frac{11}{22} = \frac{2}{4} = \frac{1}{2}$

$\frac{12}{40} = \frac{6}{20} = \frac{3}{10}$

$\frac{6}{72} = \frac{3}{36} = \frac{2}{24} = \frac{1}{12}$

분수를 약분하세요.

$\frac{7}{49} = \frac{1}{7}$

$\frac{8}{16} = \frac{4}{8} = \frac{2}{4} = \frac{1}{2}$

$\frac{9}{18} = \frac{3}{6} = \frac{1}{2}$

$\frac{45}{63} = \frac{15}{21} = \frac{5}{7}$

$\frac{6}{27} = \frac{2}{9}$

$\frac{19}{57} = \frac{1}{3}$

$\frac{16}{28} = \frac{8}{14} = \frac{4}{7}$

$\frac{4}{56} = \frac{2}{28} = \frac{1}{14}$

$\frac{24}{28} = \frac{12}{14} = \frac{6}{7}$

$\frac{8}{26} = \frac{4}{13}$

$\frac{8}{32} = \frac{4}{16} = \frac{2}{8} = \frac{1}{4}$

$\frac{5}{65} = \frac{1}{13}$

$\frac{12}{20} = \frac{6}{10} = \frac{3}{5}$

$\frac{24}{56} = \frac{12}{28} = \frac{6}{14} = \frac{3}{7}$

2주차 (drill)

분수를 기약분수로 나타내세요.

$\frac{6}{15} = \frac{2}{5}$

$\frac{15}{18} = \frac{5}{6}$

$\frac{18}{27} = \frac{2}{3}$

$\frac{9}{42} = \frac{3}{14}$

$\frac{9}{63} = \frac{1}{7}$

$\frac{21}{35} = \frac{3}{5}$

$\frac{32}{48} = \frac{2}{3}$

$\frac{5}{35} = \frac{1}{7}$

$\frac{12}{32} = \frac{3}{8}$

$\frac{8}{36} = \frac{2}{9}$

$\frac{3}{54} = \frac{1}{18}$

$\frac{14}{21} = \frac{2}{3}$

$\frac{10}{25} = \frac{2}{5}$

$\frac{34}{82} = \frac{17}{41}$

분수를 기약분수로 나타내세요.

$\frac{8}{22} = \frac{4}{11}$

$\frac{8}{42} = \frac{4}{21}$

$\frac{14}{49} = \frac{2}{7}$

$\frac{8}{32} = \frac{1}{4}$

$\frac{6}{52} = \frac{3}{26}$

$\frac{21}{30} = \frac{7}{10}$

$\frac{26}{78} = \frac{1}{3}$

$\frac{4}{26} = \frac{2}{13}$

$\frac{6}{16} = \frac{3}{8}$

$\frac{4}{28} = \frac{1}{7}$

$\frac{2}{48} = \frac{1}{24}$

$\frac{13}{78} = \frac{1}{6}$

$\frac{28}{54} = \frac{14}{27}$

$\frac{42}{75} = \frac{14}{25}$

3주차 — 배수와 최소공배수

두 수의 최소공배수를 구하세요.

(12, 18) ➡ 12 = ②×(2 × 3)
18 = (2 × 3)×③
➡ 최소공배수 $2 \times 3 \times 2 \times 3 = 36$

(6, 15) ➡ 6 = 2×③
15 = ③×5
➡ 최소공배수 $3 \times 2 \times 5 = 30$

(15, 18) ➡ 15 = ③×5
18 = 2×③×3
➡ 최소공배수 $3 \times 5 \times 2 \times 3 = 90$

(9, 15) ➡ 9 = ③×3
15 = ③×5
➡ 최소공배수 $3 \times 3 \times 5 = 45$

(25, 35) ➡ 25 = ⑤×5
35 = ⑤×7
➡ 최소공배수 $5 \times 5 \times 7 = 175$

(26, 39) ➡ 26 = 2×⑬
39 = 3×⑬
➡ 최소공배수 $13 \times 2 \times 3 = 78$

(27, 45) ➡ 27 = (3×3)×3
45 = (3×3)×5
➡ 최소공배수 $3 \times 3 \times 3 \times 5 = 135$

두 수의 최소공배수를 구하세요.

(3, 9) ➡ 3 = ③
9 = ③×3
➡ 최소공배수 $3 \times 3 = 9$

(7, 35) ➡ 7 = ⑦
35 = 5×⑦
➡ 최소공배수 $7 \times 5 = 35$

(18, 27) ➡ 18 = 2×(3×3)
27 = (3×3)×3
➡ 최소공배수 $3 \times 3 \times 2 \times 3 = 54$

(15, 30) ➡ 15 = (3×5)
30 = 2×(3×5)
➡ 최소공배수 $3 \times 5 \times 2 = 30$

(9, 36) ➡ 9 = (3×3)
36 = 2×2×(3×3)
➡ 최소공배수 $3 \times 3 \times 2 \times 2 = 36$

(30, 18) ➡ 30 = (2×3)×5
18 = (2×3)×3
➡ 최소공배수 $2 \times 3 \times 5 \times 3 = 90$

(22, 44) ➡ 22 = (2×11)
44 = 2×(2×11)
➡ 최소공배수 $2 \times 11 \times 2 = 44$

3주차

두 수의 최소공배수를 구하세요.

(4, 20) ➡
```
2 ) 4  20
2 ) 2  10
    1   5
```
➡ 최소공배수 $2 \times 2 \times 1 \times 5 = 20$

(8, 22) ➡
```
2 ) 8  22
    4  11
```
➡ 최소공배수 $2 \times 4 \times 11 = 88$

(30, 39) ➡
```
3 ) 30  39
   10  13
```
➡ 최소공배수 $3 \times 10 \times 13 = 390$

(15, 75) ➡
```
3 ) 15  75
5 ) 5  25
    1   5
```
➡ 최소공배수 $3 \times 5 \times 1 \times 5 = 75$

(18, 81) ➡
```
3 ) 18  81
3 ) 6  27
    2   9
```
➡ 최소공배수 $3 \times 3 \times 2 \times 9 = 162$

(24, 32) ➡
```
2 ) 24  32
2 ) 12  16
2 ) 6   8
    3   4
```
➡ 최소공배수 $2 \times 2 \times 2 \times 3 \times 4 = 96$

두 수의 최소공배수를 구하세요.

(10, 14) ➡
```
2 ) 10  14
    5   7
```
➡ 최소공배수 $2 \times 5 \times 7 = 70$

(12, 18) ➡
```
2 ) 12  18
3 ) 6   9
    2   3
```
➡ 최소공배수 $2 \times 3 \times 2 \times 3 = 36$

(14, 21) ➡
```
7 ) 14  21
    2   3
```
➡ 최소공배수 $7 \times 2 \times 3 = 42$

(18, 27) ➡
```
3 ) 18  27
3 ) 6   9
    2   3
```
➡ 최소공배수 $3 \times 3 \times 2 \times 3 = 54$

(24, 56) ➡
```
2 ) 24  56
2 ) 12  28
2 ) 6   14
    3   7
```
➡ 최소공배수 $2 \times 2 \times 2 \times 3 \times 7 = 168$

(32, 72) ➡
```
2 ) 32  72
2 ) 16  36
2 ) 8   18
    4   9
```
➡ 최소공배수 $2 \times 2 \times 2 \times 4 \times 9 = 288$

통분

분모의 곱을 공통분모로 하여 두 분수를 통분하세요.

$(\frac{1}{2}, \frac{2}{7}) \Rightarrow (\frac{7}{14}, \frac{4}{14})$ 　$(1\frac{1}{3}, 2\frac{4}{7}) \Rightarrow (1\frac{7}{21}, 2\frac{12}{21})$

$(\frac{4}{5}, \frac{1}{6}) \Rightarrow (\frac{24}{30}, \frac{5}{30})$ 　$(2\frac{2}{3}, 3\frac{5}{8}) \Rightarrow (2\frac{16}{24}, 3\frac{15}{24})$

$(\frac{1}{8}, \frac{5}{6}) \Rightarrow (\frac{6}{48}, \frac{40}{48})$ 　$(3\frac{5}{7}, 2\frac{2}{9}) \Rightarrow (3\frac{45}{63}, 2\frac{14}{63})$

$(\frac{5}{7}, \frac{3}{11}) \Rightarrow (\frac{55}{77}, \frac{21}{77})$ 　$(4\frac{1}{9}, 1\frac{4}{5}) \Rightarrow (4\frac{5}{45}, 1\frac{36}{45})$

$(\frac{4}{5}, \frac{5}{12}) \Rightarrow (\frac{48}{60}, \frac{25}{60})$ 　$(1\frac{7}{9}, 5\frac{1}{8}) \Rightarrow (1\frac{56}{72}, 5\frac{9}{72})$

$(\frac{5}{6}, \frac{4}{9}) \Rightarrow (\frac{45}{54}, \frac{24}{54})$ 　$(3\frac{3}{8}, 3\frac{1}{12}) \Rightarrow (3\frac{36}{96}, 3\frac{8}{96})$

$(\frac{5}{8}, \frac{4}{5}) \Rightarrow (\frac{25}{40}, \frac{32}{40})$ 　$(2\frac{3}{5}, 4\frac{1}{10}) \Rightarrow (2\frac{30}{50}, 4\frac{5}{50})$

86 소마셈 – D4

분모의 곱을 공통분모로 하여 두 분수를 통분하세요.

$(\frac{5}{8}, \frac{3}{4}) \Rightarrow (\frac{20}{32}, \frac{24}{32})$ 　$(3\frac{3}{4}, 3\frac{3}{10}) \Rightarrow (3\frac{30}{40}, 3\frac{12}{40})$

$(\frac{1}{6}, \frac{2}{5}) \Rightarrow (\frac{5}{30}, \frac{12}{30})$ 　$(5\frac{3}{5}, 1\frac{1}{12}) \Rightarrow (5\frac{36}{60}, 1\frac{5}{60})$

$(\frac{1}{2}, \frac{4}{9}) \Rightarrow (\frac{9}{18}, \frac{8}{18})$ 　$(2\frac{5}{7}, 2\frac{3}{10}) \Rightarrow (2\frac{50}{70}, 2\frac{21}{70})$

$(\frac{3}{7}, \frac{7}{8}) \Rightarrow (\frac{24}{56}, \frac{49}{56})$ 　$(3\frac{2}{5}, 1\frac{1}{9}) \Rightarrow (3\frac{18}{45}, 1\frac{5}{45})$

$(\frac{5}{9}, \frac{5}{6}) \Rightarrow (\frac{30}{54}, \frac{45}{54})$ 　$(4\frac{3}{4}, 2\frac{2}{15}) \Rightarrow (4\frac{45}{60}, 2\frac{8}{60})$

$(\frac{2}{7}, \frac{5}{12}) \Rightarrow (\frac{24}{84}, \frac{35}{84})$ 　$(1\frac{2}{3}, 4\frac{2}{11}) \Rightarrow (1\frac{22}{33}, 4\frac{6}{33})$

$(\frac{5}{6}, \frac{7}{10}) \Rightarrow (\frac{50}{60}, \frac{42}{60})$ 　$(2\frac{1}{2}, 6\frac{6}{13}) \Rightarrow (2\frac{13}{26}, 6\frac{12}{26})$

Drill – 보충학습 87

P 86 ~ 87

분모의 최소공배수를 공통분모로 하여 두 분수를 통분하세요.

$(\frac{1}{4}, \frac{5}{6}) \Rightarrow (\frac{3}{12}, \frac{10}{12})$ 　$(1\frac{3}{8}, 1\frac{2}{9}) \Rightarrow (1\frac{27}{72}, 1\frac{16}{72})$

$(\frac{1}{3}, \frac{3}{7}) \Rightarrow (\frac{7}{21}, \frac{9}{21})$ 　$(1\frac{7}{8}, 3\frac{1}{10}) \Rightarrow (1\frac{35}{40}, 3\frac{4}{40})$

$(\frac{1}{4}, \frac{3}{8}) \Rightarrow (\frac{2}{8}, \frac{3}{8})$ 　$(2\frac{3}{7}, 2\frac{9}{14}) \Rightarrow (2\frac{6}{14}, 2\frac{9}{14})$

$(\frac{4}{9}, \frac{2}{3}) \Rightarrow (\frac{4}{9}, \frac{6}{9})$ 　$(5\frac{1}{2}, 1\frac{3}{16}) \Rightarrow (5\frac{8}{16}, 1\frac{3}{16})$

$(\frac{3}{8}, \frac{5}{12}) \Rightarrow (\frac{9}{24}, \frac{10}{24})$ 　$(3\frac{2}{9}, 2\frac{3}{10}) \Rightarrow (3\frac{20}{90}, 2\frac{27}{90})$

$(\frac{2}{5}, \frac{4}{15}) \Rightarrow (\frac{6}{15}, \frac{4}{15})$ 　$(4\frac{1}{12}, 1\frac{7}{16}) \Rightarrow (4\frac{4}{48}, 1\frac{21}{48})$

$(\frac{5}{7}, \frac{2}{3}) \Rightarrow (\frac{15}{21}, \frac{14}{21})$ 　$(1\frac{4}{9}, 7\frac{4}{15}) \Rightarrow (1\frac{20}{45}, 7\frac{12}{45})$

88 소마셈 – D4

분모의 최소공배수를 공통분모로 하여 두 분수를 통분하세요.

$(\frac{1}{5}, \frac{4}{15}) \Rightarrow (\frac{3}{15}, \frac{4}{15})$ 　$(3\frac{1}{2}, 3\frac{3}{8}) \Rightarrow (3\frac{4}{8}, 3\frac{3}{8})$

$(\frac{3}{7}, \frac{1}{8}) \Rightarrow (\frac{24}{56}, \frac{7}{56})$ 　$(1\frac{1}{6}, 2\frac{7}{8}) \Rightarrow (1\frac{4}{24}, 2\frac{21}{24})$

$(\frac{1}{4}, \frac{5}{12}) \Rightarrow (\frac{3}{12}, \frac{5}{12})$ 　$(2\frac{5}{6}, 4\frac{11}{12}) \Rightarrow (2\frac{10}{12}, 4\frac{11}{12})$

$(\frac{3}{4}, \frac{3}{10}) \Rightarrow (\frac{15}{20}, \frac{6}{20})$ 　$(3\frac{2}{15}, 5\frac{7}{18}) \Rightarrow (3\frac{12}{90}, 5\frac{35}{90})$

$(\frac{8}{9}, \frac{13}{18}) \Rightarrow (\frac{16}{18}, \frac{13}{18})$ 　$(2\frac{10}{11}, 2\frac{3}{22}) \Rightarrow (2\frac{20}{22}, 2\frac{3}{22})$

$(\frac{1}{6}, \frac{14}{15}) \Rightarrow (\frac{5}{30}, \frac{28}{30})$ 　$(4\frac{3}{4}, 2\frac{7}{18}) \Rightarrow (4\frac{27}{36}, 2\frac{14}{36})$

$(\frac{1}{20}, \frac{9}{25}) \Rightarrow (\frac{5}{100}, \frac{36}{100})$ 　$(3\frac{3}{8}, 1\frac{15}{22}) \Rightarrow (3\frac{33}{88}, 1\frac{60}{88})$

Drill – 보충학습 89

P 88 ~ 89

Note

Note